Passando em Provas Para Leigos

Passar em Provas Começa no Seu Primeiro Dia de Aula

É fácil supor que à medida que você frequenta as aulas, palestras, tutoriais ou algo do tipo, o seu preparo para as provas está a meses de distância. Tal suposição, no entanto, não é útil. Se você conseguir pensar no preparo da prova como sendo parte de cada aula, a cada dia — não apenas nas semanas anteriores às provas —, você irá se poupar muito tempo e esforço mais tarde.

A retenção de informação (e a compreensão) declinam significativamente após 24 horas. Isto significa que se você não revisar o que aprendeu uma segunda vez naquele mesmo dia, o que você fez em aula se tornará uma memória distante muito rapidamente.

Pense no aprendizado como tocar piano. Tocar algumas notas apenas uma vez com um longo intervalo entre cada nota não produz música. Você precisa tocar as notas frequentemente em sucessão rápida. As suas células cerebrais se comunicam para armazenar o conhecimento ou habilidades que você está aprendendo, da mesma maneira. Você precisa praticar, revisar informações ou reiterar o seu aprendizado, repetidamente, numa sucessão rápida, para que elas sejam compreendidas e retidas na sua memória de longo prazo.

Portanto aproveite esta superdica e se poupe muito tempo mais tarde. Gaste um pouco de tempo todos os dias revisando as suas anotações de aula (ou praticando aquela nova atividade ou habilidade). Pense nelas, questione-as e faça um esforço para dar algum sentido para elas.

Desta forma, a segunda revisão fortalecerá as suas redes neurais e com elas, a sua compreensão e retenção da memória. Repita a mesma revisão dentro de uma semana e depois novamente dentro de um mês. Quando chegar a hora de se preparar para suas provas, alguns meses à frente, o esforço que você fez para compreender e reter informações será aparente.

Você verá que o preparo antes das provas será eficiente e sem exigir muito esforço. Você não precisará mais passar horas e horas lendo o conteúdo. Tudo será facilmente relembrado através da memória devido ao esforço que você fez anteriormente!

Para Leigos: A série de livros para iniciantes que mais vende no mundo.

Passando em Provas Para Leigos

Folha de Cola

Dicas de Práticas de Provas para antes do Dia da Prova

Um dos maiores desafios que estudantes iniciantes enfrentam é o fato de não terem feito muitas provas antes, para saber como ter um bom desempenho. Geralmente são necessárias algumas provas e um pouco de tentativas e erros, antes que você possa conseguir as notas que está buscando.

Aqui estão algumas dicas para ajudá-lo a ganhar mais prática, durante os dias antecedentes às provas:

- **Peça a seus professores ou alunos antigos, ou procure on-line para conseguir as provas dos anos anteriores.** Frequentemente, variações da mesma pergunta de uma prova anterior serão usadas na prova atual pois os professores repetem o mesmo conteúdo programático ano após ano. Com um pouco de trabalho investigativo, você poderá ter uma boa ideia do que provavelmente pode ser perguntado na sua prova, e quanto tempo você tem para responder cada seção.

- **Convide um ou dois amigos para fazerem uma prova simulada com você.** Arrume algumas mesas e, usando um relógio, cronometre o tempo para terminar a prova como se fosse real. Ao terminar, corrijam as respostas uns dos outros e avalie o seu desempenho. Com quais seções você ficou satisfeito? Quais seções precisam de mais preparo? Use estas provas simuladas para direcionar seus próximos esforços de estudo.

- **Pratique fazer a prova na sua mente.** A mentalidade e o estado emocional ideal que você mais precisa para um ótimo desempenho nas provas podem ser ensaiados mentalmente. Usando a sua imaginação, crie um filme mental de você entrando na sala de provas, se sentindo confiante e seguro de seu sucesso.

A autoconfiança geralmente vem depois de você praticar a ação, então se você não teve muitas experiências reais destas provas, praticar na sua mente é uma ótima forma de construir a sua autoconfiança.

O seu cérebro não sabe a diferença entre a prática física e a imaginária. Muitos dos processos do seu cérebro ocorrem da mesma maneira. Portanto, ao ensaiar mentalmente uma abordagem confiante em relação às suas provas, o seu cérebro acredita que isto é de fato uma prática real e gravará a resposta desejada na sua memória da mesma forma. Não é legal?!

Para Leigos: A série de livros para iniciantes que mais vende no mundo.

Passando em Provas

PARA LEIGOS®

Tradução da 2ª Edição

por Patrick Sherrat

por Patrick Sherrat

ALTA BOOKS
E D I T O R A
Rio de Janeiro, 2016

Passando em Provas Para Leigos
Copyright © 2016 da Starlin Alta Editora e Consultoria Eireli. ISBN: 978-85-7608-928-5

Translated from original Passing Exams For Dummies. Copyright © 2014 Wiley Publishing Australia Pty Ltd. ISBN 9780730304425. This translation is published and sold by permission of John Wiley & Sons, Inc, the owner of all rights to publish and sell the same. PORTUGUESE language edition published by Starlin Alta Editora e Consultoria Eireli, Copyright © 2016 by Starlin Alta Editora e Consultoria Eireli.

Todos os direitos estão reservados e protegidos por Lei. Nenhuma parte deste livro, sem autorização prévia por escrito da editora, poderá ser reproduzida ou transmitida. A violação dos Direitos Autorais é crime estabelecido na Lei nº 9.610/98 e com punição de acordo com o artigo 184 do Código Penal.

A editora não se responsabiliza pelo conteúdo da obra, formulada exclusivamente pelo(s) autor(es).

Marcas Registradas: Todos os termos mencionados e reconhecidos como Marca Registrada e/ou Comercial são de responsabilidade de seus proprietários. A editora informa não estar associada a nenhum produto e/ou fornecedor apresentado no livro.

Impresso no Brasil — 1ª Edição, 2016.

Edição revisada conforme o Acordo Ortográfico da Língua Portuguesa de 2009.

Produção Editorial Editora Alta Books	**Supervisão Editorial** Sergio de Souza	**Design Editorial** Aurélio Corrêa	**Gerência de Captação e Contratação de Obras** J. A. Rugeri	**Vendas Atacado e Varejo** Daniele Fonseca Viviane Paiva
Gerência Editorial Anderson Vieira	**Produtor Editorial** Claudia Braga Thiê Alves	**Marketing Editorial** marketing@altabooks.com.br	Marco Pace autoria@altabooks.com.br	comercial@altabooks.com.br **Ouvidoria** ouvidoria@altabooks.com.br
Assistente Editorial Christian Danniel				
Equipe Editorial	Bianca Teodoro Carolina Giannini	Izabelli Carvalho Jessica Carvalho	Juliana Oliveira Renan Castro	Silas Amaro
Tradução Sofia Ventura Braga	**Copidesque** Victor Madei Martins	**Revisão Gramatical** Rochelle Lassaroti Gabriel Almeida de Araujo	**Diagramação** Diniz Gomes dos Santos	

Erratas e arquivos de apoio: No site da editora relatamos, com a devida correção, qualquer erro encontrado em nossos livros, bem como disponibilizamos arquivos de apoio se aplicáveis à obra em questão.

Acesse o site www.altabooks.com.br e procure pelo título do livro desejado para ter acesso às erratas, aos arquivos de apoio e/ou a outros conteúdos aplicáveis à obra.

Suporte Técnico: A obra é comercializada na forma em que está, sem direito a suporte técnico ou orientação pessoal/exclusiva ao leitor.

Dados Internacionais de Catalogação na Publicação (CIP)

S553p   Sherrat, Patrick.
     Passando em provas para leigos / por Patrick Sherrat. – Rio de Janeiro, RJ : Alta Books, 2016.
     264 p. : il. ; 21 cm. – (Para leigos)

     Inclui índice e apêndice.
     Tradução de: Passing exams for dummies (2. ed.).
     ISBN 978-85-7608-928-5

     1. Métodos de estudo. 2. Raciocínio - Estratégia. 3. Memorização. I. Título. II. Série.

                                          CDU 371.322.7
                                          CDD 371.30281

Índice para catálogo sistemático:
1. Métodos de estudo   371.322.7

(Bibliotecária responsável: Sabrina Leal Araujo – CRB 10/1507)

Rua Viúva Claudio, 291 – Bairro Industrial do Jacaré
CEP: 20.970-031 – Rio de Janeiro – Tels.: (21) 3278-8069/8419
www.altabooks.com.br – e-mail: altabooks@altabooks.com.br
www.facebook.com/altabooks – www.twitter.com/alta_books

Sobre o Autor

Patrick Sherratt trabalha como autor, palestrante e coach em toda a região da Ásia no Pacifico, ensinando a indivíduos e organizações uma síntese tanto do conhecimento metacognitivo (aprender como se aprender) quanto da psicologia da performance. Visite www.passingexams.co.nz.

Por ter uma formação como fazendeiro na zona rural da Nova Zelândia, onde o sucesso acadêmico não era uma grande expectativa, Patrick não buscou objetivos acadêmicos até o final de seus vinte anos, quando estudou psicologia na Massey University. O seu interesse no aprendizado foi transformado e, durante o seu curso, ele recebeu muitas notas máximas. Isso foi recompensado em 2000, quando Patrick ganhou um dos prêmios mais importantes da universidade, o de excelência acadêmica.

Após completar seu bacharelado em psicologia, em 2001, Patrick começou a ensinar Comunicação e Técnicas de Estudo no Eastern Institute of Technology (EIT), enquanto completava o mestrado em educação. Em 2008, após concluir o mestrado, Patrick saiu do EIT e cofundou uma empresa de consultoria e treinamento independente chamada Innervate (Ltda). Visite www.innervate.co.nz.

Como autor, Patrick escreveu uma série de recursos educacionais para estudantes, pais e professores. Ele também produziu uma série de vídeos educacionais como parte de um recurso de ensino multimídia: visite www.cliview.com.au para mais informações. *Passando em Provas Para Leigos* é o seu quinto livro.

Patrick já foi entrevistado na TV e rádio, tanto na Austrália quanto na Nova Zelândia, e também participa frequentemente de conferências internacionais. Os clipes com as apresentações de Patrick podem ser vistos em seu canal no YouTube: www.youtube.com/user/patricksherratt.

Agradecimentos do Autor

O processo de manifestação criativa é algo mágico. Partindo de uma simples ideia, esta coletânea de páginas que você está segurando se tornou uma realidade física. E ainda assim, elas são apenas um monte de palavras e ilustrações que quase não possuem valor, a não ser que você as absorva e as transforme em resultados práticos e, assim espero, bem-sucedidos.

Muitas pessoas foram envolvidas na construção da segunda edição deste livro, todas as quais aposto que gostariam de vê-lo ser bem-sucedido nas suas provas (caso contrário, todo o árduo trabalho delas teria sido em vão). Está sentindo a pressão agora?

Para reconhecê-los por seu trabalho, eu agradeço a minha esposa, Leigh, e a meus filhos Luis, Ella e Nicolas, que me deram o tempo e espaço para escrever este texto. Eu também gostaria de agradecer às equipes de design e editoria da John Wiley & Sons em Brisbane e Melbourne, e especialmente à líder deste projeto, Clare Dowdell, ao editor de projeto Dani Karvess e à editora Kathleen Dobie, por pegarem meus pensamentos e organizá-los em um manuscrito fácil de usar.

Finalmente, eu gostaria de agradecer a você, pois sem a sua vontade de melhorar os seus resultados nas provas, eu jamais encontraria nenhuma razão para escrever este livro!

Eu desejo a todos vocês o sucesso acadêmico que estão buscando. Façam por onde!

Sumário Resumido

Introdução *1*

Parte I: Liberando Seu Potencial Para Passar em Provas *7*

Capítulo 1: Passando em Provas: A Preparação É Tudo! 9
Capítulo 2: Conhecendo o Seu Incrível Cérebro 21
Capítulo 3: Descobrindo Como Aprender 45
Capítulo 4: Estratégias de Raciocínio de Alta Performance 65

Parte II: Primeiro Vem o Relaxamento *87*

Capítulo 5: Explorando o Poder do Relaxamento 89
Capítulo 6: Encontrando Maneiras de Relaxar 97

Parte III: Revisando e Reescrevendo Suas Anotações *111*

Capítulo 7: Conhecendo o Seu Propósito Acadêmico 113
Capítulo 8: Revisando Suas Anotações..121
Capítulo 9: Aprimorando Suas Técnicas de Leitura......................127
Capítulo 10: Preparando Suas Anotações 137

Parte IV: Relembrando Através de Figuras e Padrões *153*

Capítulo 11: Utilizando ao Máximo as Habilidades
de Memorização 155
Capítulo 12: Usando a Mnemônica: Técnicas Simples
de Memorização 165
Capítulo 13: Sintonizando a Sua Memória: Técnicas
Visuais Avançadas... 175

Parte V: Ensaiando para a Relembrança e o Desempenho *187*

Capítulo 14: Ensaiando Sua Relembrança.................................189
Capítulo 15: Ensaiando o Seu Desempenho 195

Passando em Provas Para Leigos

Parte VI: A Parte dos Dez 201

Capítulo 16: Dez Dicas Para o Dia da Prova: Antes do Evento 203

Capítulo 17: Dez Dicas Para a Prova – Nada de Voltar
Atrás Agora! 209

Capítulo 18: Dez Maneiras de Manter o Ímpeto Entre as Provas 217

Parte VII: Apêndices 223

Apêndice A: Cronogramas de Planejamento 225

Apêndice B: Roteiros de Relaxamento e Visualização 229

Apêndice C: Teste de Estilo de Aprendizagem e
Lembrete Motivacional 233

Índice 237

Sumário

Introdução *1*

    Sobre Este Livro 2
    Penso que... 3
    Ícones Usados Neste Livro 4
    De Lá para Cá, Daqui para Lá 5

Parte I: Liberando Seu Potencial Para Passar em Provas **7**

Capítulo 1: Passando em Provas: A Preparação É Tudo! ... 9

    Desenvolvendo a Sua Mentalidade de
        Desempenho em Provas 10
        Cultivando a atitude certa 11
        Estabelecendo seu propósito 11
        Desobstruindo o caminho 12
    Entendendo as Capacidades do Seu Cérebro 13
    Conhecendo as Maneiras Ideais de Aprendizagem 14
    Melhorando Seus Processos de Pensamento 15
    O Preparo Eficiente Para a Prova 17
        O fator relaxamento 17
        Estudando com propósito 17
        Reforçando sua memória através de figuras
          e padrões 18
        Ensaiando para a relembrança e o seu melhor
          desempenho no dia 19

Capítulo 2: Conhecendo o Seu Incrível Cérebro 21

    Você Não Precisa Ser um Neurocirurgião 22
    Compreendendo Como o Seu Cérebro Funciona 22
    O Modelo Tríplice: Como as Células Cerebrais se
        Desenvolvem Durante a Aprendizagem 25
    Aproveitando ao Máximo os ASSETs: Alguns Princípios
        Essenciais para a Aprendizagem 27
        Prestando atenção 29
        Tornando-se sensível 32
        Fazendo um esforço sólido 32

Passando em Provas Para Leigos

Acionando as suas emoções 33
De olho no tempo 34
Surfando nas Ondas do Seu Cérebro 34
Explorando as frequências cerebrais.........................35
Treinando suas ondas cerebrais...............................36
Entendendo a neuroplasticidade:
Por que o passado não se iguala ao futuro..............36
Dando Conta de Tudo: A Manutenção do Cérebro..............38
Mantendo a saúde ideal 38
Fazendo exercícios 41
Malabarismo com intenção acadêmica.........................42

Capítulo 3: Descobrindo Como Aprender 45

Organizando o Seu Local Ideal de Estudo............................46
Arrumando o seu espaço de estudo 47
Eliminando as distrações...................................... 48
Usando uma escala de distração...............................50
Como Saber Qual é a Sua Melhor Hora
de Aprendizagem...51
Descobrindo Sua Melhor Maneira de Aprender....................52
Enxergando: Os aprendizes visuais 53
Ouvindo: Os aprendizes auditivos 53
Sentindo: Os aprendizes
cinestésicos (físicos)...53
Compreendendo: Os aprendizes analíticos (lógicos) ... 54
Desenvolvendo os seus estilos de aprendizagem 54
Descobrindo se Você é um Pensador Linear ou Circular......56
Motivando-se para Estudar..58
Encontrando valor no que está aprendendo 58
Acabando com a procrastinação 59
Mantendo a sua concentração 61
Administrando o Seu Tempo de Revisão 62

Capítulo 4: Estratégias de Raciocínio de
Alta Performance................................ 65

Compreendendo Como a Sua Mente Funciona......................66
Compreendendo através da sua mente
consciente 67
Mergulhando na sua mente inconsciente.....................67
Conhecendo a Sua Memória 68
Conceituando a Sua Memória Pessoal...............................70
Acreditar é ver 70
Resistindo às mudanças..72

Melhorando Seu Diálogo Interno Para Melhores Resultados 73
Explorando a sua autoeficácia 75
Elevando a sua autoestima 76
Modelando-se Nos Alunos De Alto Desempenho 77
Desenvolvendo Objetivos Acadêmicos 78
Estabelecer objetivos o ajuda a se manter
no caminho certo 79
Estabelecer objetivos estimula a sua consciência 80
Estabelecer objetivos motiva a sua mente 80
Escrevendo as Afirmações: Declarando as
Suas Intenções 81
Usando o Seu Olho Mental: Visualizando o Sucesso 84

Parte II: Primeiro Vem o Relaxamento 87

Capítulo 5: Explorando o Poder do Relaxamento 89

Encontrando Tempo para a Diversão 89
Acessando o Estado Alfa(Sua Onda Ideal
de Aprendizado) 90
Desenvolvendo a sua própria técnica de
relaxamento alfa 91
Explorando a auto-hipnose e o ensaio mental 92
Usando Programas de Desenvolvimento Pessoal 94

Capítulo 6: Encontrando Maneiras de Relaxar 97

Exercitando-se para o Relaxamento 98
Explorando o Som e a Música 99
Alongando e Respirando 100
A respiração consciente 102
Equilíbrio corporal 103
O alongamento matinal de cinco minutos 103
Meditação 105
Liberando Emoções Indesejadas 105
O luxo das sessões de relaxamento profissionais 107
Malabarismo 107
Administrando o Tempo 107
Enriquecendo a Sua Vida 109

xiv **Passando em Provas Para Leigos**

Parte III: Revisando e Reescrevendo Suas Anotações 111

Capítulo 7: Conhecendo o Seu Propósito Acadêmico....113
Desenvolvendo o Poder da Intenção 114
Estabelecendo a Sua Intenção Para Cada
Sessão de Estudo 115
Focando no que deseja 115
Dizendo ao seu cérebro o que deve entrar 116
Mantendo-se no alvo 117
Estabelecendo as Suas Intenções Para
Objetivos de Longo Prazo 118
Estabelecendo intenções semanais............................. 118
Estabelecendo intenções mensais ou anuais 118
Estabelecendo um limite de tempo............................. 119
Preparando um cronograma 120

Capítulo 8: Revisando Suas Anotações................ 121
Obtendo Informações.. 121
Decidindo o que você precisa revisar 122
Prestando atenção na aula de revisão........................122
Questionando o seu conhecimento prévio 123
Encontrando Informações Adicionais....................................124

Capítulo 9: Aprimorando Suas Técnicas de Leitura 127
Lendo para Propósitos Diferentes...127
Mergulhando no Texto: A Leitura Por Alto............................129
Aprofundando o Conteúdo:A Leitura para Estudo 129
Se preparando para fazer leitura para estudo...........131
Absorvendo os fatos 132
Olhando as anotações da aula.....................................132
Testando a sua compreensão.......................................134
Mais Rápido: A Leitura Rápida..134
Indo além da Leitura Rápida: A Fotoleitura.........................136

Capítulo 10: Preparando Suas Anotações.............. 137
Condensando as Suas Anotações...138
Diagramando um Mapa Mental 138
Conectando Ideias Através de Mapas Conceituais 141
Organizando um mapa aranha 142
Classificando informações com um
mapa hierárquico..143

Organizando um fluxograma 144
Circulando em volta de um mapa de sistemas 145
Planejando Caminhos Literários: Os Mapas
de Rota Discursiva 146
Aplicando Formatos Visuais: Um Guia Prático 150

Parte IV: Relembrando Através de Figuras e Padrões 153

Capítulo 11: Utilizando ao Máximo as Habilidades de Memorização 155

Use ou Esqueça 156
Seis Chaves Para a Boa Memória 156
Focando em uma coisa de cada vez 157
Usando imagens ou padrões nítidos 158
Adicionando emoção 159
Incorporando movimentos 160
Fixando a memória no lugar 161
Praticando para fortalecer a memória 161

Capítulo 12: Usando a Mnemônica: Técnicas Simples de Memorização. 165

A Aprendizagem Mecânica 166
Memorizando Através da Mnemônica 166
Agrupando as primeiras letras: Os acrônimos 166
Rimando com os acrósticos 168
Lembrando através de mapas 169
Usando a música para memória 170
Fazendo gravações de voz 170
Criando fichas 171
Interpretando 172
Usando planilhas 172

Capítulo 13: Sintonizando a Sua Memória: Técnicas Visuais Avançadas. 175

Desenvolvendo Técnicas de Associação Visual 176
Armazenando imagens por localização 176
Ligando as imagens na sua mente 178
Criando uma lista de pinos de memória 178
Criando Imagens Simbólicas 180
Lembrando de palavras incomuns,
estrangeiras ou grandes 180

Passando em Provas Para Leigos

Lembrando números usando a associação visual.....181
Lembrando fórmulas científicas....................................182
Relembrando Conteúdo de Questões Discursivas..............182
Aplicando Técnicas de Aumento de Memória....................185

Parte V: Ensaiando para a Relembrança e o Desempenho..187

Capítulo 14: Ensaiando Sua Relembrança............189

Trabalhando com os Seus Estilos de Aprendizagem...........190
Estabelecendo as Horas de Relembrança...........................191
Contando os dias...192
Aplicando os três Ps....................................194

Capítulo 15: Ensaiando o Seu Desempenho...........195

Usando a Sua Imaginação..195
Ensaiando mentalmente para a melhoria
do seu desempenho na prova....................................196
Expandindo a sua zona de conforto............................198
Lidando com a Ansiedade em Provas.................................199
Pensando através da abordagem mental...................199
Adotando uma abordagem física.............................200
Desbloqueando mental e fisicamente.......................200

Parte VI: A Parte dos Dez.............................201

Capítulo 16: Dez Dicas Para o Dia da Prova: Antes do Evento...203

Organize Seus Equipamentos...203
Saiba o Local e a Hora da Prova.......................................204
Tenha uma Boa Noite de Sono...204
Coma Alimentos Saudáveis e Energético.........................205
Use o Diálogo Interno Positivo..205
Pratique seu Ensaio Mental...206
Pratique Técnicas de Relaxamento...................................206
Transforme o Nervosismo em Entusiasmo.........................206
Mantenha-se Reservado...207
Se Jogue!...207

Sumário *xvii*

Capítulo 17: Dez Dicas Para a Prova – Nada de Voltar Atrás Agora! 209

Relembre Suas Anotações de Estudo Primeiro 210
Leia Cuidadosamente as Questões da Prova 210
Determine Quais Questões Responder 211
Mantenha um Ritmo 211
Identifique e Responda às Questões Fáceis Primeiro 212
Faça Valer Cada Resposta de Múltipla Escolha 213
Planeje as Redações Antes de Começar a Escrever 213
Faça Intervalos Rápidos e Regulares 214
Peça Ajuda Divina 215
Revise as Suas Respostas — Não Saia Cedo! 215

Capítulo 18: Dez Maneiras de Manter o Ímpeto Entre as Provas 217

Mantendo-se Equilibrado 217
Permanecendo Relaxado 218
Planejando Recompensas Após Cada Prova 218
Mantendo o Olho nas Próximas Provas 219
Garantindo que Comparações Não Destruam
a Sua Confiança 219
Reorganizando Seu Tempo de Preparação 220
Dormindo Cedo 220
Mantendo Seu Ensaio Mental 220
Celebrando o Fim de Sua(s) Prova(s) 221
Trazendo Sua Vida de Volta! 222

Parte VII: Apêndices *223*

Apêndice A: Cronogramas de Planejamento 225

Apêndice B: Roteiros de Relaxamento e Visualização. 229

Roteiro de Relaxamento 229
Roteiro de Ensaio Mental 230
Relaxe primeiro 231
Roteiro de processo ideal 231
Roteiro de resultado ideal 231

xviii Passando em Provas Para Leigos

Apêndice C: Teste de Estilo de Aprendizagem e Lembrete Motivacional 233

Teste de Estilo de Aprendizado 233
Mantenha a Motivação! 236

Índice 237

Introdução

*E*u não me saía muito bem na escola e minhas notas refletiam isso. Quando era adolescente, eu não sabia exatamente o que eu queria fazer quando saísse da escola. Eu sabia o que não queria fazer — ir para a faculdade! Meus pais não foram; meus irmãos mais velhos também não, portanto ir para a faculdade nunca realmente passou pela minha cabeça. Sem objetivos concretos, eu passei pela escola fazendo apenas o suficiente para passar de ano, mas nunca visando a excelência. Uma década depois, em pé na fila do seguro-desemprego, pois a empresa para qual eu trabalhava havia quebrado, eu percebi que precisava voltar a estudar.

Já adulto e estudante na faculdade, eu queria me sair bem academicamente. Eu estudei psicologia e educação, e no meio do processo de fazer muitas provas, eu me interessei em descobrir como as provas e testes são capazes de medir o aprendizado. À medida que pesquisava e aplicava maneiras de como me preparar para as provas, eu comecei a me dar muito bem na faculdade. Pela primeira vez na minha vida, eu estava tirando notas 9, 10. Um ano, eu ganhei um prêmio por excelência. A minha autoconfiança aumentou e a minha autoimagem acadêmica melhorou — eu era mais inteligente do que pensava.

Você vai fazer uma prova em breve? Deixe-me lhe garantir uma coisa: após entender como o seu cérebro funciona, como o seu raciocínio influencia o seu aprendizado, como a memória funciona, e então sintetizar este tipo de conhecimento metacognitivo em uma abordagem prática passo a passo para se preparar para as provas, você conseguirá grandes melhorias em suas notas. Eu consegui e estou convencido de que se dar bem nas provas não é necessariamente devido ao quão naturalmente inteligente você seja academicamente, mas sim devido a quão inteligente você é em relação às suas técnicas de preparo.

Então, por que você está segurando este livro? Você está no último ano do colégio querendo completar o ensino médio, ou é um estudante universitário cursando uma faculdade? Talvez você esteja em uma transição de vida e retornando aos estudos a fim de obter mais conhecimentos, ou está prestes a fazer uma prova que aumentaria as suas chances de uma promoção no trabalho? Seja qual for a sua razão para escolher este livro sobre como passar em provas, é possível conquistar o sucesso acadêmico, quando se sabe como.

Esteja consciente. Palavras não ensinam; quem ensina é a experiência. A informação contida neste livro é completamente sem sentido, a não ser que você esteja preparado para incorporá-la ao seu atual preparo para as provas.

Portanto, você tem uma decisão a tomar. O quanto você realmente quer passar nas suas provas? Você está preparado para trabalhar e aplicar as ideias contidas neste livro? Se não, feche o livro agora e se afaste. Você não encontrará nenhum valor aqui a não ser que esteja disposto a explorar as diferentes partes deste livro e fazer uso dos exercícios para melhorar as suas habilidades de se preparar para as provas.

Sobre Este Livro

Eu tenho dedicado muito tempo e esforço ao longo dos anos na implementação de estratégias diferentes de aprendizado para estudantes, baseadas em minha pesquisa para o mestrado em Educação e em minhas próprias tentativas e erros. Neste livro, a minha intenção é me conectar aos estudantes como você, e lhes oferecer as melhores maneiras que eu conheço para melhorar o seu preparo para as provas e, ao final, o seu desempenho nelas. Você pode evitar cometer os mesmos erros que eu cometi no colegial; você pode aproveitar os meus anos de pesquisas e experiências em provas, e aplicar estas ideias imediatamente.

Nesta segunda edição de *Passando em Provas Para Leigos,* você pode começar a ler a partir de qualquer parte que quiser. O formato modular do livro significa que, em vez de ler de cabo a rabo, você pode pular direto para a busca da informação que precisa. Essa é uma ótima característica para se poupar tempo — e acredite, eu sei tudo sobre poupar tempo. Quando você tem uma montanha de livros para estudar para as provas, a última coisa que você quer ler é outro livro!

Considere este livro um guia de estudo esperando para lhe oferecer bons conselhos, bem pesquisados, sobre como se preparar melhor para a sua próxima prova. Faça isto e você, no final, poupará tempo!

Eu intencionalmente tentei fazer com que este livro fosse fácil de ler, usando uma linguagem simples. Eu uso as seguintes convenções para ajudar a destacar as informações:

Introdução **3**

- ✔ Quando introduzo um novo conceito, eu uso o termo em *itálico*, e em seguida apresento uma definição.

- ✔ Eu mostro endereços de sites em uma fonte diferente para fácil identificação — simplesmente digite o endereço como está no livro e você irá direto para o site. E, se o URL quebra para outra linha, eu não adiciono o hífen, portanto digite exatamente o que estiver vendo.

Se você estiver interessado em poupar tempo (como eu), você pode pular algumas informações neste livro, que eu coloquei simplesmente para agradar a editora, senão o livro ia ficar muito fininho (brincadeirinha!). Por exemplo, ocasionalmente eu explico um termo técnico, especialmente no que se trata do funcionamento do seu cérebro. Estes parágrafos estão acompanhados do ícone Papo de Especialista, e você pode pulá-los se quiser. Igualmente, o ícone Dica do Patrick destaca os parágrafos que possuem as minhas experiências pessoais que você pode achar interessante, mas que não são leituras essenciais.

Eu também adicionei alguns exercícios divertidos nas barras laterais — aquelas faixas mais escuras que você encontra em muitos capítulos. Você também pode pulá-los; no entanto, eu espero que você os ache intrigantes.

Penso que...

Provas e testes não são coisas que as pessoas fazem por diversão, mas eles são necessários enquanto os sistemas educacionais utilizarem o atual paradigma de avaliação. (Apesar de muitas pessoas acreditarem que as provas deveriam ser eliminadas, eu estaria sem emprego se fosse assim.) Portanto, eu suponho que você tenha um propósito verdadeiro em ler este livro, que pode ser qualquer um dos seguintes — ou uma combinação de vários:

- ✔ Você fará algumas provas no futuro próximo e está buscando algumas diretrizes básicas e dicas para ajudar a melhorar as suas chances de passar nelas, ou de se sair melhor do que anteriormente.

- ✔ Você se interessa em como fazer uma boa preparação para uma prova, mas quer o mínimo possível de teoria.

- ✔ Você quer se sentir confiante de que está utilizando o seu tempo de estudo da melhor maneira, pois o seu tempo é precioso.

✔ Você pode não ter se saído tão bem em provas no passado, e quer melhorar o seu desempenho em geral.

✔ Um longo tempo se passou desde a última vez que estudou, e você quer garantir o seu sucesso.

✔ Passar nestas provas é muito importante, e você está levando a sério a implementação destas ideias a fim de maximizar os seus resultados.

Ícones Usados Neste Livro

Use os ícones nas margens do livro para localizar a informação que deseja. O significado de cada ícone está explicado aqui:

Onde encontrar informações interessantes em um site da web que o coloca no caminho de mais recursos para se preparar para uma prova.

Apesar de não ser uma leitura essencial, este ícone destaca histórias interessantes da minha experiência e de outros.

Este ícone indica coisas importantes para guardar em sua memória. Você pode fazer um círculo nestes ícones, à medida que lê os capítulos neste livro.

Este ícone assinala uma informação técnica extra que você não precisa necessariamente, mas que fornece detalhes interessantes. Leia e aproveite, ou pule esta informação completamente, se preferir.

Este ícone bem útil sinaliza coisas especiais que podem o ajudar a melhorar a sua preparação para a prova. Elas são pequenos tesouros de informação que podem lhe ajudar a aproveitar ao máximo o tempo que você passa estudando.

Pare! Atenção! Este ícone sinaliza erros comuns cometidos por estudantes — ou algo com que você precisa ser cauteloso quando está fazendo, ou se preparando para uma prova.

De Lá para Cá, Daqui para Lá

Eu não tenho dúvida alguma de que a informação neste livro pode ajudá-lo a melhorar o seu desempenho nas provas! Se você está encarando a sua primeira prova, dê uma olhada nos capítulos na Parte I para maneiras de como desenvolver a sua mentalidade de desempenho em provas. Se você tem dificuldades para lembrar informações pertinentes, vá até a Parte IV para algumas dicas. Ou, se você quiser cobrir todas as áreas, leia este livro em sequência, especialmente os passos práticos incluídos nas Partes II até V.

Depois que seus exames terminarem, é só isso. Você pode colocar este livro na prateleira para acumular poeira até as suas próximas provas. Ele é apenas uma ferramenta para ajudar a melhorar certos aspectos de sua vida acadêmica. Enquanto isso, use esta ferramenta sabiamente. Escreva nela, desenhe, marque certas páginas para futuras referências — faça o que puder para fazer o melhor uso deste livro.

Finalmente, eu lhe desejo tudo de bom durante o seu período de provas e espero sinceramente que consiga aplicar estas poderosas ideias para ajudá-lo a se preparar e passar nas suas provas com facilidade. Sucesso.

Nota: Todos os sites indicados nesta obra possuem conteúdo em inglês. A editora Alta Books não se responsabiliza por sua tradução ou a manutenção do acesso.

6 Passando em Provas Para Leigos

Parte I

Liberando Seu Potencial Para Passar em Provas

Nesta parte ...

- Descubra como o seu cérebro funciona e explore os mecanismos que ocorrem no seu cérebro quando você está aprendendo e estudando para as provas.

- Descubra princípios essenciais para acionar o seu cérebro e trabalhar para melhorar como você revisa, retém e relembra informações.

- Explore o seu estado e estilo de aprendizado ideais para facilitar a aprendizagem e o ajudar a estudar com mais facilidade.

- Descubra dicas essenciais sobre como se manter motivado, gerenciar seu tempo de estudo, e se concentrar eficazmente.

- Compreenda como sua mente trabalha e como controlar o poder de uma *mentalidade de desempenho em provas* para melhorar a sua preparação e, consequentemente, seus resultados.

Capítulo 1

Passando em Provas: A Preparação É Tudo!

Neste Capítulo

- ▶ Ajustando a sua mentalidade de desempenho em provas
- ▶ Explorando as características e funcionalidades do seu cérebro
- ▶ Descobrindo como aprender de maneira mais eficaz e eficiente
- ▶ Usando estratégias de raciocínio para melhorar o seu preparo e o seu desempenho nas provas
- ▶ Dando uma olhada nos quatro passos para um preparo mais eficaz

*V*ocê já pensou na ideia de fazer uma prova como se estivesse fazendo uma performance? Se você curte música, esportes e dramaturgia então você já sabe os benefícios de se pensar desta forma: preparar-se antecipadamente melhora as suas habilidades para que, quando chegar ao palco ou ao campo, você possa fazer a sua melhor performance.

Você pode encarar as provas da mesma maneira. Durante uma prova você se senta em uma mesa durante várias horas, concentrando-se e escrevendo o mais rápido que pode. O seu preparo antecipado é o que determina quão boa será a sua performance na prova.

Neste capítulo, eu o ajudo a formar um entendimento de onde você está neste momento em relação à sua mentalidade de desempenho em provas. Essa compreensão pode ajudá-lo a desenvolver estratégias para melhorar o seu raciocínio e a usar técnicas que permitam você a obter seu melhor desempenho no dia da prova.

Desenvolvendo a Sua Mentalidade de Desempenho em Provas

Não importa quais matérias você esteja estudando, se está no colegial, na faculdade ou diante de uma prova vocacional ou concurso, para passar nas suas provas você precisa fazer as seguintes coisas:

- ✔ Ir às aulas, prestar atenção e fazer anotações para revisão mais tarde. Os professores apenas apresentam a informação — eles não a colocam na sua cabeça. Isto é a sua tarefa e, geralmente, é necessário que você acompanhe com pesquisas ou mais leitura.

- ✔ Organizar as suas anotações de aulas e planejar o seu tempo de estudo.

- ✔ Ficar bem familiarizado com o assunto, isto é, desenvolver sua habilidade para estudar e reter informações — duas habilidades diferentes. Neste momento você pode chamar isso apenas de estudo, mas para responder perguntas em provas você precisa saber como reter informação, e como acessá-la quando necessário.

- ✔ Demonstrar o seu conhecimento fazendo um bom desempenho na prova. Se você não tiver um bom desempenho na prova, os seus resultados não refletirão o quanto você sabe sobre o assunto.

Obviamente, realizar tudo isso requer trabalho e o desenvolvimento de uma mentalidade de desempenho em provas oferece um bom começo e o ajuda a:

- ✔ Manter uma postura de excelência.

- ✔ Saber com bastante clareza o que você quer e o porquê de querer passar nas provas (o que é o seu objetivo, afinal).

- ✔ Identificar e abordar como e por que você pode estar se limitando.

Com a mentalidade certa, você é capaz de descobrir as suas capacidades, esclarecer seus objetivos, e ganhar uma melhor compreensão de si mesmo. Aprender e estudar então se torna muito mais fácil — e divertido!

Cultivando a atitude certa

O famoso filósofo grego Aristóteles disse: "Nós somos aquilo que fazemos repetidamente. A excelência, portanto, não é um ato, e sim um hábito". O que ele quis dizer é que a qualidade e a quantidade de seus pensamentos determinam como a sua vida seguirá. Se os seus pensamentos predominantes são afirmativos, positivos, construtivos e geralmente otimistas, a qualidade de suas decisões, ações e, no final das contas, o que acontece com você também será ótimo.

Pense se os seus pensamentos o impulsionam para frente em direção a ser o melhor que você pode, ou se o fazem se sentir derrotado antes mesmo de começar.

Toda mudança significativa e duradoura começa de dentro, e então, aos poucos, se torna uma realidade. A mudança envolve voltar-se para os seus processos de pensamento. Tornar-se consciente do que você está dizendo a si mesmo ajuda a trazer pensamentos construtivos, afirmativos e positivos para o primeiro plano da sua mente. Através da repetição, você pode torná-los um hábito. Você pode treinar a sua mente subconsciente para que possa, naturalmente, desempenhar-se da melhor forma possível, não importa o que esteja fazendo.

Estabelecendo seu propósito

Navegar pela vida sem um propósito é como navegar pelos oceanos sem um destino. Uma vida de marinheiro sem destino pode interessar algumas pessoas, mas uma carreira de sucesso requer direcionamento. Para se dar bem nas provas você precisa saber com bastante clareza *por que* você quer atingir bons resultados (ou, o que você quer fazer mais adiante).

Eu não fui muito bem nas minhas provas no ensino médio, principalmente porque não tinha objetivos acadêmicos claramente estabelecidos e, portanto, nenhuma razão real pela qual eu devesse passar nas provas. Eu não sabia o que eu faria após sair da escola, então não importava realmente com o quão bem eu me saísse.

O truque é decidir o que você quer e então decidir o porque você quer isto. Pare um momento para se visualizar atingindo os seus objetivos nas provas e então explore todos os benefícios que se sucedem. Esclarecer o seu propósito desta maneira ajuda a manter a sua motivação quando as coisas ficam mais complicadas — e quando chega a época de provas e você tem mais de uma prova para as quais se preparar, aí as coisas ficam realmente complicadas!

Desobstruindo o caminho

Às vezes você pode escolher conscientemente um objetivo (por exemplo, passar em uma prova para ficar qualificado para um trabalho que lhe foi oferecido), mas por alguma razão você, inconscientemente, sabota um bom resultado. Talvez você tenha sido assediado por pensamentos autodepreciativos e críticos que apontam o porquê você não se sairá tão bem na prova como espera. Ou você pode procrastinar, adiando a sua preparação até o último minuto, e então descobrir que precisa de mais tempo. A pequena quantidade de revisão que você fez não foi suficiente, levando-o a um resultado ruim.

O jeito de contornar problemas como os pensamentos autodepreciativos é identificar e analisar todas as razões pelas quais você está tentando entravar o seu próprio progresso. Listar o que você acha que está faltando em seus conhecimentos ou habilidades ajuda a identificar sua postura e suas ideias negativas. Isto requer que você se analise a fundo e que seja honesto consigo mesmo.

Explorando suas camadas — assim como o Shrek

Se você assistiu ao primeiro filme do Shrek, você deve se lembrar da cena onde ele falava com o Burro sobre a analogia da cebola, que diz que todo mundo possui muitas camadas, que definem quem elas são. Entretanto, as pessoas geralmente veem apenas as camadas exteriores (sua fachada), que pode não ser o que você acha e pensa realmente ser, ou quem você poderia ser. Você pode descascar as camadas externas se quiser e assim descobrir onde se encontra o seu verdadeiro potencial.

Para desenvolver uma mentalidade de desempenho em provas, você precisa descascar estas camadas e identificar aquelas que estão o entravando, e então trazer para o exterior as camadas que podem lhe impulsionar para frente. Às vezes, no entanto, as pessoas mais próximas de você podem não gostar de ver mudanças em você e podem lhe conter. Eles conhecem a sua camada exterior há tanto tempo que quando você tenta lhes mostrar uma camada interna — uma nova maneira de ser —, eles se sentem incomodados pois não estão familiarizados com o seu novo comportamento.

É necessário coragem e apoio para exibir as suas camadas mais profundas. Ao se rodear de amigos com desempenhos mais altos — pessoas que podem apoiar a sua exibição de novas camadas —, você verá que as expectativas deles sobre você podem o ajudar a entender o seu potencial completo.

Quando se tornar consciente das maneiras nas quais você se limita, você pode tomar providências para retificar o seu comportamento de modo que você não esteja trabalhando contra seus objetivos — em relação às provas ou qualquer outra coisa. Você pode, então, identificar e analisar as suas qualidades e seus pontos fortes, descobrindo razões pelas quais você pode ter o que deseja. Focar nas boas qualidades e pontos fortes também aumenta a sua motivação, porque você tem uma expectativa maior de sucesso.

Entendendo as Capacidades do Seu Cérebro

Assim como os grandes cantores precisam saber como funcionam os músculos dos pulmões e garganta para atingirem notas mais altas, entender como o seu cérebro funciona permite você pensar com mais clareza e reter informação. Saber como o seu cérebro direciona o seu pensamento é a base na qual você constrói a sua mentalidade de desempenho em provas.

Você provavelmente já sabe que o seu cérebro possui muitos aspectos físicos e funcionalidades, e que quando você aprende algo novo, células cerebrais se desenvolvem, se conectam e comunicam-se entre si. Descobertas recentes (que os cientistas só agora estão começando a entender) mostram que o cérebro humano possui uma espantosa adaptabilidade, conhecida como *neuroplasticidade*, e que ele é capaz de mudar para atender às exigências que você coloca para ele quando aprende algo novo. Além disso, a ligação entre a emoção e a retenção da memória é agora mais compreendida e demonstra que você aprende melhor quando está curioso, surpreendido ou se divertindo — experimentando qualquer tipo de experiência emocional positiva.

No Capítulo 2, eu explico como o seu cérebro funciona e como você pode desenvolver áreas do seu cérebro que utilizam processos específicos de pensamento se eles estiverem em falta ou causando um desempenho ruim em assuntos específicos. Eu também exploro a capacidade do seu cérebro de bloquear, ou permitir, a entrada de informações, com base em se a informação é de interesse ou valor.

Por exemplo, se você disser para si mesmo que um assunto é chato, não tem valor algum para você, o sistema de atenção do seu cérebro está menos propenso a permitir que a informação seja processada, pois ele está prestando atenção em algo que você julga ser mais importante. Encontrar valor e estabelecer objetivos são essenciais para ativar a atenção do seu cérebro. Explorar as suas

14 Parte I: Liberando Seu Potencial Para Passar em Provas

posturas em relação ao aprendizado lhe permite encontrar valor no assunto que está estudando. Esses fatores são intrínsecos no desenvolvimento da sua mentalidade de desempenho em provas. Eu falo mais sobre encontrar valor e estabelecer objetivos no Capítulo 4.

O relaxamento também tem um papel importante em tornar o seu cérebro receptivo ao aprendizado — vá até o Capítulo 6 para encontrar ótimas razões pelas quais eu acho que você deva ir à praia ou caminhar no parque. Quando se está relaxado em vez de estar se sentindo estressado ou tenso, as suas ondas cerebrais diminuem para uma amplitude e frequência que permitem que os neurônios absorvam a informação mais facilmente (veja o Capítulo 5). Mesmo fazer um exercício simples de relaxamento antes de uma sessão de estudos já ajuda o seu cérebro a se tornar mais receptivo à informação que você está apresentando para ele. (O Apêndice B contém um roteiro de relaxamento que você pode experimentar.)

O seu cérebro é um órgão que necessita de manutenção e nutrição. Cuidar do seu cérebro enquanto estuda é especialmente importante, pois o aprendizado se baseia nos processos das células cerebrais. Uma boa nutrição, beber bastante água e fornecer mais oxigênio para o seu cérebro através de exercícios físicos, tudo isso melhora a transmissão entre os neurônios. Atividades como malabarismo e exercícios para o cérebro, que eu abordo no Capítulo 2, também ajudam no desenvolvimento das células cerebrais.

Conhecendo as Maneiras Ideais de Aprendizagem

À medida que você passa pela escola e pela(s) sua(s) carreira(s) de escolha, você é solicitado a incorporar novas informações e procedimentos rápida e continuamente. Saber como você aprende melhor, associado a uma abordagem prática passo a passo para assimilar informação é útil, não só agora mas para o resto de sua vida.

Aprender é uma tarefa complexa e todo mundo tem diferenças individuais que governam a maneira com que processam a informação no cérebro. No Capítulo 3, eu o introduzo nos estilos primários de aprendizagem e de padrões de pensamento e lhe mostro como abordar os seus estilos de aprendizagem mais fracos. Eu também o ajudo a descobrir e a implementar técnicas para melhorar a qualidade e a rapidez com que você aprende. Tais técnicas melhoram a sua mentalidade de desempenho em provas e envolvem:

- ✔ Identificar o seu ambiente ideal de estudo (isso inclui encontrar maneiras de reduzir as distrações).
- ✔ Estar consciente dos ritmos naturais do seu corpo e dos ciclos de alerta — os seus melhores momentos para estudar.
- ✔ Entender como aumentar a sua motivação, incluindo como desenvolver e manter a sua concentração.
- ✔ Desenvolver e manter um calendário para administrar o seu tempo de revisão e de estudo.

Entender os seus estilos de aprendizagem e de pensamento — como o seu cérebro prefere processar e comunicar a informação — permite que você combine as técnicas de revisão à maneira pela qual você aprende melhor. Isso economiza o seu tempo. (Eu mostro quais métodos são melhores no Capítulo 14.)

Melhorando Seus Processos de Pensamento

Saber por onde começar a modificar as suas técnicas de preparo para as provas para melhorar o seu desempenho pode parecer difícil. Às vezes, você tem uma noção clara de que entende como a sua mente funciona e consegue facilmente se empenhar em uma tarefa. Outras vezes, tem a sensação de que saiu fora da sua zona de conforto, se sente ansioso e a motivação falta. Você entende o que precisa fazer, mas então vê que se comportou de maneira diferente.

No Capítulo 4, explico como os processos de pensamento funcionam e porque muitos dos pensamentos que governam a sua vida são, em sua maioria, baseados na sua memória inconsciente. Você possui processos de pensamentos conscientes e inconscientes, mas só está consciente de algumas de suas percepções e comportamentos.

A sua *mente* consciente percebe, associa e avalia informações baseadas em seu condicionamento passado — inspirando-se em suas atitudes, crenças e hábitos de pensamento. A maioria das decisões que você toma hoje são baseadas em suas experiências passadas, e elas estão guardadas em sua memória. A sua memória carrega a sua *verdade pessoal* — a sua avaliação real sobre si mesmo — e trabalha automaticamente para manter a sua verdade.

Academicamente, e em todas as outras áreas da sua vida, você responde às situações a partir de um nível de crença e não de um nível de potencial. Se suas atitudes e crenças sobre a sua habilidade acadêmica em uma matéria específica são limitadoras, você autorregula o seu pensamento e comportamento para lhe manter naquele nível.

As pessoas bem-sucedidas gravam suas memórias deliberadamente para melhorarem seus desempenhos nas provas. Você também pode fazer com que a sua memória trabalhe a seu favor, e não contra você. O primeiro passo é ouvir o seu *diálogo interno* — as conversas que você tem consigo mesmo na sua cabeça — sobre qualquer ideia limitadora que possa ter sobre sua habilidade de aprender algo novo. Estes pensamentos influenciam as suas autoimagens, que por suas vezes regulam o seu desempenho.

Comece a se visualizar alcançando padrões acadêmicos mais altos. Algumas maneiras de se fazer isto incluem colher informação de estudantes que já estão atuando no nível que você gostaria de desempenhar. Entreviste-os e descubra como eles pensam e o que eles fazem para se preparar para uma prova. Se você começar a se condicionar a pensar e se comportar da mesma maneira, os seus resultados subirão para níveis mais altos. Praticar a sua prova ideal, como será visto no Capítulo 15, também marca a sua memória e tem um papel fundamental em melhorar como você se sai no dia da prova.

Outra estratégia de pensamento que melhora a performance acadêmica é estabelecer grandes objetivos acadêmicos. Estabeleça os seus objetivos logo a frente de sua atual capacidade e certifique-se de que o nível mais alto é a figura mais dominante na sua mente. Como explico no Capítulo 4, isto fica gravado na sua memória como uma verdade, permitindo que você pense criativamente e solucione problemas.

Então como você torna os seus objetivos em figuras mais dominantes de sua mente? Através da repetição de *afirmações* — o diálogo interno definido e positivo. Repetidas com frequência, as afirmações são gravadas em sua memória. Se você combinar as afirmações com visualizações e sentimentos associados a elas, você é capaz de fazer com que sua mente trabalhe junto com você em direção aos seus objetivos, em vez de permitir que ela o mantenha no mesmo lugar através de atitudes limitadoras, procrastinação e pouco esforço. (O Capítulo 4 lhe diz como compor afirmações eficientes.)

Capítulo 1: Passando em Provas **17**

O Preparo Eficiente Para a Prova

Nesta seção, eu reduzo a preparação eficiente para as provas a quatro passos práticos que você pode seguir, em sequência, no momento em que se sentar para fazer a revisão para uma prova. Combinado com uma mentalidade de performance em provas, essa abordagem lógica passo a passo pode lhe ajudar a se sentir confiante de que está fazendo o melhor uso do seu tempo.

O fator relaxamento

Quando você está estressado, ansioso ou tenso o seu cérebro e sua memória não se empenham com facilidade. O relaxamento ajuda a preparar o seu cérebro para estar pronto e receptivo para lembrar-se do material que você está estudando. No Capítulo 6, eu mostro várias maneiras de relaxar e incluo sugestões práticas para ajudá-lo a organizar o seu tempo com mais eficiência.

Relaxar antes de qualquer sessão de estudos também ajuda o seu cérebro a chegar em um estado ideal para a aprendizagem. Quando você relaxa, as suas ondas cerebrais desaceleram, tornando seus neurônios mais receptivos ao processamento e armazenamento de informação (como eu explico por completo no Capítulo 5).

Estudando com propósito

Um dos fatores essenciais para uma revisão eficaz é estabelecer a sua intenção ou propósito sobre o que quer realizar durante a sua sessão de estudos (ver o Capítulo 7). Após relaxar, você diz ao seu cérebro o que é importante revisar. Em outras palavras, definir a sua intenção ou propósito estimula a sua consciência a ser específica sobre qual informação é importante, e qual informação não é.

Com sua intenção estabelecida, você pode começar revisando as suas anotações de aulas. Mas por onde você deve começar? Um bom ponto de partida é usar conselhos dados por professores e olhar as provas anteriores, como eu descrevo no Capítulo 8. Você pode então organizar as suas anotações para revisão através de:

> ✔ **Leitura por alto:** Quando você se sente confiante de que está estudando o conteúdo certo, comece *lendo por alto* as suas anotações. Isto significa tirar um tempo para olhar uma introdução ou resumo, as primeiras frases de um parágrafo e qualquer figura com legenda. Esta é uma técnica de preparação, porque o seu cérebro não consegue

Parte I: Liberando Seu Potencial Para Passar em Provas

compreender algo que ele não reconheça. Ao ler por alto, você dá ao seu cérebro algo que ele possa associar mais tarde.

✔ **Leitura de estudo:** Você usa esta técnica de revisão (descrita por completo no Capítulo 9) para ganhar compreensão do material enquanto procura simultaneamente por palavras-chave ou conceitos essenciais que representem grandes pedaços de informação. A ideia é que se você pudesse extrair uma palavra e lembrar-se dela, você seria capaz de lembrar aquele pedaço inteiro de informação. Você está buscando maneiras de condensar grandes quantidades de informação em palavras-chave.

✔ **Formatos visuais:** As pessoas pensam e se lembram melhor através de figuras e exemplos. Tornar todas as suas anotações condensadas em pistas visuais o ajuda a lembrar informações com mais facilidade. Fazer mapa mental, criar mapas conceituais e escrever mapas de rota discursiva, abordados no Capítulo 10, são ótimos recursos visuais — e existem softwares disponíveis para ajudá-lo a produzi-los.

Reforçando sua memória através de figuras e padrões

Resumidamente, as maneiras diferentes que você pode estudar para aumentar a sua retenção de memória são:

✔ Estabelecer a sua intenção para aumentar a sua atenção, concentração e motivação.

✔ Criar figuras ou padrões de palavras-chave a partir de suas informações.

✔ Fazer as suas figuras de palavras-chave exageradas, pouco comuns, ou emotivas.

✔ Fazer as suas figuras ativas ao imaginá-las se movendo.

✔ Associar as suas figuras de palavras-chave com objetos familiares.

✔ Ensaiar repetidamente as figuras de suas palavras-chave para garantir a retenção.

No Capítulo 11, eu falo sobre como a sua memória funciona e como você pode melhorar a sua retenção ao estudar para as provas. Eu lhe mostro técnicas de memorização, começando com os métodos

Capítulo 1: Passando em Provas **19**

básicos no Capítulo 12 e introduzindo as técnicas avançadas de memorização no Capítulo 13.

Ensaiando para a relembrança e o seu melhor desempenho no dia

Ensaiar para relembrar e ensaiar o seu desempenho ideal na prova na sua mente são dois aspectos muito importantes ao se estudar para uma prova. Praticar o seu desempenho ideal no dia (abordada no Capítulo 15) certifica que você estará relaxado e confiante no dia da prova.

Ao ensaiar a sua recordação antes da prova (veja o Capítulo 14), você sabe quais informações foram assimiladas na sua memória e quais informações ainda estão vagando por aí. Quando você sabe que consegue se relembrar das suas anotações de estudo, você se sente mais confiante na hora de fazer a prova. Isto é uma coisa boa, certo?

A *relembrança* envolve o uso de técnicas de memória para se lembrar de informações. Usando as suas novas anotações, condensadas e formatadas visualmente, você memoriza e ensaia todas as palavras-
-chave ao usar métodos que combinem com a maneira com que seu cérebro está programado para pensar e aprender — usando um (ou mais) dos quatro estilos primários de aprendizagem, que eu explico no Capítulo 3:

- ✔ Visual

- ✔ Auditivo

- ✔ Cinestésico (sentindo/fazendo)

- ✔ Analítico

No Capítulo 14, eu descrevo diferentes técnicas de relembrança e mostro como desenvolver um calendário de ensaio na medida em que o dia da prova se aproxima.

Ensaiar a sua performance envolve a visualização para ensaiar mentalmente como você gostaria de se sair no dia da prova (veja o Capítulo 15). O seu cenário ideal, ensaiado repetidamente, condicionará a resposta que você deseja quando for fazer a prova de verdade. Você expandiu a sua zona de conforto com antecedência e, com a sua ansiedade em nível mínimo, você é capaz de maximizar o seu desempenho na prova.

20 Parte I: Liberando Seu Potencial Para Passar em Provas

Capítulo 2

Conhecendo o Seu Incrível Cérebro

Neste Capítulo

▶ Entendendo como o seu cérebro funciona e se desenvolve através da aprendizagem

▶ Descobrindo algumas razões pelas quais às vezes você simplesmente não consegue compreender

▶ Aproveitando ao máximo os princípios essenciais da aprendizagem

▶ Explorando os tipos diferentes de ondas cerebrais

▶ Mantendo e melhorando a capacidade cerebral ideal

*V*ocê alguma vez já comprou um software, o instalou, e depois não se preocupou em descobrir como usá-lo para melhorar a performance da sua máquina? Se você já se deu ao trabalho de comprar o software, você quer que ele funcione bem — certo? Esta analogia pode ser usada para o seu cérebro. Você não precisa ser um neurocirurgião, mas se você entende um pouquinho sobre como o seu cérebro funciona e sabe como mantê-lo em seu funcionamento ideal durante uma prova, você estará em uma posição muito melhor para descobrir mais sobre as capacidades do seu cérebro.

Neste capítulo, eu mostro uma breve visão geral de algumas das funções relevantes do cérebro e como você pode melhorar o desenvolvimento de seus neurônios.

Você Não Precisa Ser um Neurocirurgião

Pesquisas recentes sobre o cérebro demonstram que ele possui uma incrível adaptabilidade e se ajusta fisiologicamente às demandas de aprendizagem que você exige. Chamada de *neuroplasticidade*, ela significa simplesmente que você pode reprogramar o seu cérebro para pensar e aprender qualquer coisa. (Eu ofereço mais informações básicas sobre este incrível fenômeno na seção "Explorando a neuroplasticidade: Por que o passado não se iguala ao futuro" mais à frente neste capítulo.)

Você não precisa de um conhecimento a fundo sobre todas as diferentes partes do seu cérebro e como elas funcionam para poder usá-lo adequadamente. No entanto, um conhecimento básico de como o seu cérebro funciona é útil no que se trata de construir a confiança enquanto aprende as coisas ao longo do ano e as revisa para as provas.

Compreendendo Como o Seu Cérebro Funciona

O seu cérebro possui três partes importantes (é por isso que ele é chamado de cérebro trino) que evoluíram ao longo do tempo:

- O rombencéfalo[1] é composto do tronco encefálico (ponte, medula, cerebelo, mesencéfalo e diencéfalo), que está conectado à medula espinhal e controla os seus impulsos e reações mais básicas, como a respiração e a frequência cardíaca. O tronco encefálico também cuida das informações provenientes de seus sentidos e coordena os movimentos instintivos do seu corpo para a sua segurança e sobrevivência.

  Curiosamente, em estados de estresse extremo, o seu rombencéfalo se torna ativo, bloqueando o acesso às partes mais altas do cérebro. É por isso que pode ser tão difícil pensar racionalmente quando se está altamente emotivo. Você precisa de estratégias para reduzir o estresse primeiro, se quiser estudar e aprender eficazmente — particularmente se você sofre de ansiedade pré-prova.

- O mesencéfalo é a menor das principais partes do cérebro e fica no tronco encefálico. Ele transmite informações

---
[1] Parte posterior do cérebro.

Capítulo 2: Conhecendo o Seu Incrível Cérebro

importantes dos órgãos sensoriais para o cérebro. Dentro e em volta desta região fica o sistema límbico, que inclui o hipocampo, amídalas[2], partes do tálamo e região septal. O *sistema límbico* é visto como o principal operador em relação a como as emoções, motivações e a memória de longo prazo operam.

✔ O prosencéfalo[3], ou córtex cerebral (também chamado de neocórtex), cobre fisicamente a região do mesencéfalo e é a parte mais evoluída do seu cérebro. O seu prosencéfalo permite que você pense, raciocine, estabeleça objetivos e pense abstratamente, separando-o, portanto, dos outros animais. Notável por sua cor cinza, o prosencéfalo controla o uso da linguagem e outras reações recebidas através dos sentidos.

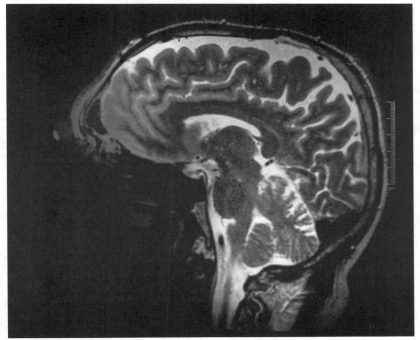

Figura 2-1: O cérebro humano possui áreas distintas que desempenham funções diferentes.

---

[2] A amídala, ou amígdala (do latim amêndoa), neste caso é a amídala do cerebelo, não a mais conhecida amídala existente na garganta.

[3] Parte frontal do cérebro.

Abaixo do córtex cerebral (e parte do prosencéfalo), se encontra o sistema límbico, composto pelas amídalas, hipocampo, os gânglios da base e a região septal. Juntos, eles são importantes no aprendizado, pois atualmente acredita-se que eles regulam a emoção, a memória e alguns aspectos do movimento.

O córtex contém bilhões de *neurônios* (células cerebrais) que estão conectados uns aos outros através de troncos parecidos com os de árvores, chamados de *axônios* e *dendritos*. O ponto de conexão onde dois axônios se encontram é chamado de *sinapse*. Você nasceu com aproximadamente 100 bilhões de neurônios e o número de conexões aumentam entre estes neurônios à medida que seu cérebro processa mais informações — isto é, à medida que você aprende mais. Curiosamente, os neurônios compõem apenas 7% das suas células cerebrais. O maior número, algo em torno de 76% de suas células cerebrais, são as células da glia chamadas de *astrócitos*.

Os astrócitos residem em grande número, ou domínios, em volta do ponto de conexão (sinapse) dos seus neurônios. Pesquisas interessantes nesta área têm trazido à tona uma nova compreensão de como os neurônios se comunicam, o que levou a uma nova teoria chamada de modelo tríplice, que eu explico na próxima seção.

Mais a fundo no interior do prosencéfalo

O prosencéfalo possui duas estruturas — o telencéfalo e o diencéfalo:

- O telencéfalo mostra a camada exterior do cérebro — os dois hemisférios e os quatro lóbulos. O lóbulo occipital é para a visão; o lóbulo temporal é para a audição e a fala; o lóbulo parietal para as respostas sensoriais; e o lóbulo frontal para o controle e a coordenação motora. Entretanto, se ocorrer algum dano sério em qualquer parte do cérebro, a pesquisa em neuroplasticidade atualmente demonstra que o cérebro buscará em outras regiões maneiras de suprir as demandas que a parte danificada já não é capaz de fazer.

- O diencéfalo engloba o tálamo e o hipotálamo. Acredita-se que o tálamo ajuda a transmitir informações sensoriais para dentro e para fora do prosencéfalo. O hipotálamo monitora as informações vindas do sistema nervoso autônomo e controla as necessidades corporais como a fome, sede e a temperatura. Isto é essencial pois mantém o seu cérebro e o resto do seu corpo supridos de suas necessidades vitais de sobrevivência.

O Modelo Tríplice: Como as Células Cerebrais se Desenvolvem Durante a Aprendizagem

Quando você aprende algo novo, mudanças fisiológicas ocorrem no seu cérebro. Os seus neurônios (veja a Figura 2-2) brotam em novos galhos e se conectam com outros neurônios formando vias neurais. Tradicionalmente, os cientistas pensavam que o cérebro aprendia através da conexão de um neurônio com outro nas sinapses. Entretanto, graças à tecnologia de imagens cerebrais, uma terceira conexão se tornou aparente, formando a sinapse tríplice.

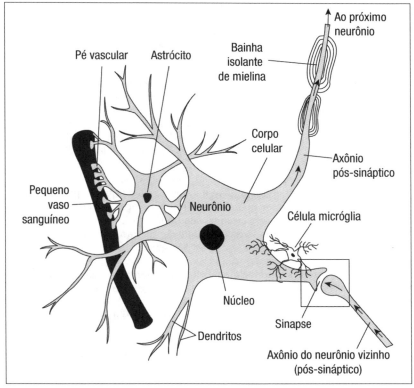

Figura 2-2: Uma célula cerebral (neurônio) mostrando as ramificações do axônio e dos dendritos. Os astrócitos (atrás do neurônio) se encontram em grupos, ou domínios, próximos à sinapse.

Muitos pesquisadores dizem atualmente (e isto está sendo desenvolvido à medida que mais estudos são realizados) que, como os neurônios estão se comunicando entre si através de um processo eletroquímico, os astrócitos estão simultaneamente monitorando as trocas químicas que ocorrem nas sinapses. Se um padrão neural recorrente ocorre, os astrócitos mapeiam e automatizam o padrão para que a informação não precise mais ser lembrada conscientemente.

Todos os seus hábitos e rotinas — as coisas que você faz sem pensar — foram construídas pelo modelo tríplice neural e pela comunicação do astrócito.

Você se lembra de aprender a tabuada quando era mais novo? Se você aprendeu por decoreba (muita repetição), seus neurônios responderam ao criarem vias neurais para este conteúdo e, devido à repetição, o padrão recorrente permitiu que o processo se tornasse automatizado. Agora você é capaz de dizer que 5 vezes 5 é igual a 25, e 5 vezes 6 é igual a 30 tão facilmente que você nem precisa pensar nos cálculos matemáticos.

A mesma habilidade se aplica na aprendizagem de conhecimentos mais complexos e de habilidades físicas como dirigir um carro. Você não precisa prestar atenção conscientemente à série de tarefas que realiza ao dirigir um carro — virar o volante, acelerar, ouvir música, reparar no ambiente, conversar com o passageiro. E, ainda assim, todas estas tarefas fluem inundando os seus sentidos, disparando padrões neurais repetidos. Em pouco tempo, os astrócitos mapeiam os padrões e então automatizam o processo para que você agora possa dirigir de maneira livre e inconsciente enquanto pensa sobre outra coisa. Apenas quando algo imprevisível acontece, por exemplo, um gato atravessando a rua na sua frente, você traz a sua atenção para fora desse estado inconsciente de direção e volta à sua atenção consciente.

O seu cérebro é incrivelmente eficiente. Meros 7% das suas células cerebrais são neurônios e eles respondem a uma imensa entrada de impulsos sensoriais. Para prevenir que você passe por uma experiência de sobrecarga de impulsos sensoriais, os astrócitos, que compõem cerca de 76% de suas células cerebrais, automatizam a atividade. Isto libera os seus neurônios para trabalharem conscientemente na próxima informação que você está absorvendo.

Quando você se confunde ao aprender algo novo, pode apenas significar que seus neurônios e astrócitos ainda não fizeram conexões suficientes. Você não possui suficiente conhecimento previamente adquirido para que seu cérebro conecte a nova informação em ideias que você consiga entender. Não desanime; persevere!

A forma com que os neurônios e os astrócitos se comunicam possui duas importantes decorrências na aprendizagem:

- ✓ **Fisiológica:** Você pode melhorar a qualidade e o número de conexões sinápticas no seu cérebro simplesmente ao aprender mais sobre o seu mundo. Portanto, a inteligência não é fixa, ela se desenvolve com as demandas do aprendizado contínuo. Isto se aplica não só ao considerar novos conhecimentos e ideias, mas também ao aprendizado de novas habilidades e competências, tais como tocar um instrumento musical ou aprender um novo esporte.

- ✓ **Psicológica:** Mesmo que a sua experiência em provas tenha sido abaixo do ideal, o futuro pode trazer um novo potencial quando você sabe como melhorar a transmissão entre os neurônios. A sua autoconfiança e autoestima podem aumentar porque você sabe que o passado não controla o futuro. Você tem o poder de mudar a maneira em que seu cérebro está programado através da forma que você estuda, pratica e ensaia a nova informação. Quanto mais os seus neurônios integrarem novas informações, melhor será a sua compreensão e retenção e, esperamos, melhor será o seu resultado na prova! (Eu falo sobre alguns dos principais conceitos de aprendizagem e estudo na próxima seção.)

A maneira com que o cérebro pensa, aprende e lembra é extremamente complexa. A informação neste capítulo é uma visão geral do modelo tríplice baseada na literatura atual. Entretanto, a informação atualizada hoje em dia provavelmente será revisada completamente dentro dos próximos anos, à medida que os métodos de pesquisa se aprimoram. O que este modelo pode oferecer, entretanto, são informações úteis e conceitos essenciais que você pode usar como um estudante em preparação para o aprendizado e para as provas. Se estiver interessado, dê uma olhada no Google Acadêmico usando as palavras-chave **relacionamento tríplice entre neurônios e astrócitos**.

Aproveitando ao Máximo os ASSETs: Alguns Princípios Essenciais para a Aprendizagem

O seu cérebro aprende através de processos sensoriais, emocionais e de reflexão que criam memórias. Pesquisadores identificaram alguns princípios essenciais que podem ajudar você a melhorar as suas habilidades de aprendizado e de estudo.

Parte I: Liberando Seu Potencial Para Passar em Provas

Use o acrônimo ASSET[4] para lhe ajudar a relembrar os cinco princípios que podem melhorar a sua aprendizagem e o seu preparo para as provas. Escreva esta lista e coloque no seu lugar de estudo como um lembrete para ajudá-lo a fazer o melhor uso do seu tempo:

- **Atenção:** O aprendizado requer que seu cérebro reaja à informação entrando através de seus sentidos. Esta absorção sensorial é enorme a todo momento tornando impossível que seu cérebro repare conscientemente em tudo de uma só vez. O seu cérebro tem um processo de seleção de informação que bloqueia as absorções sensoriais que você julga como não sendo significantes naquele momento.

- **Sentidos:** Aumentar o número de sentidos recebendo informações significa aumentar as atividades neurais e dos astrócitos. A qualidade e a quantidade de comunicação das células cerebrais significam que o conhecimento e a compreensão podem passar mais facilmente da memória de curto prazo para a memória de longo prazo.

- **Sólido Esforço:** A quantidade de esforço sólido e consciente que você deposita em entender e reter informações ajuda a determinar o quão eficientemente ela será passada da memória de curto prazo para a de longo prazo. A sua habilidade de pensar e refletir sobre o conhecimento constrói novas redes neurais e fortalece as redes existentes conforme você integra novas informações para que isto vire um conhecimento retido, que você pode acessar mais tarde através da memória.

- **Emoção:** Se emoções positivas — curiosidade, antecipação, excitação, para citar alguns — estiverem presentes durante a experiência onde a atividade neural responde à absorção sensorial, isto ajuda a liberar mais química neural. O hipocampo (parte do sistema límbico) registra o aumento da química neural e promove a informação para a memória de longo prazo mais rapidamente.

- **Tempo sequencial:** A frequência e a duração com que a informação sensorial ativa a atividade neural tem papéis fundamentais em quão bem você armazena o conhecimento na sua memória. A repetição é importante assim como a quantidade de tempo entre essas repetições. Eu discuto este fator na seção "De Olho no Tempo."

---

[4] **ASSET** (vantagem, ou algo benéfico ou valioso, em inglês) é usado para uma associação com os cinco princípios que podem melhorar a sua aprendizagem.

Prestando atenção

Com que frequência você sente que uma informação está entrando por um ouvido e saindo por outro? Você ouve um professor mas não escuta uma só palavra; você lê uma página de um livro mas não consegue se lembrar de nada do conteúdo. Existe uma razão fisiológica para este acontecimento e ela envolve a maneira que seu cérebro recebe informações. Prestar atenção é o primeiro dos cinco princípios que o ajudam a fazer com que aquela informação fique guardada!

Compreendendo o processo de seleção de informação do seu cérebro

Os pesquisadores acreditam que o cérebro possui um processo de seleção de informação que direciona a sua atenção e determina no que você repara conscientemente. Como você é bombardeado com informações sensoriais, o seu cérebro precisa escolher no que reparar e o que ignorar. Se você não filtrasse essa recepção, você não seria capaz de se concentrar — você ficaria literalmente louco com a sobrecarga sensorial.

Portanto, toda informação sensorial precisa ser filtrada pelo processo de seleção de informação do seu cérebro, que determina o que entra para o córtex cerebral e, consequentemente, o que prende a sua atenção consciente.

Como o seu cérebro decide o que vai passar? A resposta, em termos gerais, está no valor. Somente o que tem valor é passado para o córtex cerebral. Tudo o mais, particularmente se for algo contínuo e previsível, é descartado. Isto é significativo para os alunos aprendendo e fazendo provas, pois se você estiver cansado, de saco cheio, desinteressado ou se não gosta do professor — basicamente se você não vê valor algum no que está aprendendo — o seu potencial de aprender a matéria fica significativamente limitado. O seu cérebro muda a atenção para algo mais importante — como o que você vai almoçar depois!

Como você pode fazer uma informação entrar na sua cabeça se o seu cérebro está filtrando muitas coisas? Há duas respostas: encontrando o valor e através do relaxamento.

> ✔ **Valor:** Você cria valor através de vários métodos. Quando a informação é novidade, interessante, intrigante, isso aguça sua curiosidade. Ou, se de repente é algo diferente do que você esperava, a sua atenção consciente é ligada. (Eu falo mais sobre estes pontos no Capítulo 4.)

✔ **Relaxamento:** Igualmente, o relaxamento pode ser usado para diminuir as ondas cerebrais, e ondas cerebrais mais lentas são favoráveis à aprendizagem. Pesquisas nesta área mostram algumas evidências de que isto pode influenciar como o seu cérebro responde à informação sensorial. Isto é discutido mais a fundo na seção "Surfando Nas Ondas do Seu Cérebro."

Você pode ver facilmente como o seu cérebro filtra algumas coisas que você está olhando vendo alguns exercícios de consciência. Vá até www.youtube.com e busque por *awareness exercise*. Em um vídeo, um grupo de jogadores de basquete está passando a bola entre si. Metade do grupo está vestida de branco, a outra de preto. Pede-se então que você conte o número de passes que o grupo branco faz uns com os outros. Enquanto a sua atenção está focada neste grupo, uma outra coisa acontece. E, incrivelmente, se você for como a maioria das pessoas que assistem ao vídeo, você não percebe. A sua atenção está tão focada em contar os passes de basquete (o valor) que o evento anômalo é filtrado, pois o cérebro só é capaz de reagir conscientemente a uma coisa de cada vez. Tente fazer este teste de consciência no YouTube e veja por si mesmo.

Encontrando o valor

Se você não foi bem em Cálculo na escola, como você aprendeu História tão bem, ou aprendeu a tocar um instrumento musical ou a surfar? Talvez você simplesmente não se importasse com o Cálculo — não conseguia ver o propósito nele. Se este é o caso, o processo de seleção de informação do seu cérebro evitou que informações passassem para o córtex cerebral — o seu cérebro racional — para ser processado e consolidado na memória. No entanto, se você encontrar uma maneira de tornar um assunto valioso – isto é, encará-lo com uma noção de interesse e curiosidade — seu aprendizado se torna muito mais fácil.

Explorando a sua atitude em relação à aprendizagem

Alguém já lhe disse que você teve uma atitude ruim? O que é uma atitude, afinal? Eu penso em *atitude* como uma resposta emocional a um estímulo externo. Em outras palavras, uma atitude positiva é uma inclinação emocional em relação a algo — você gosta disso e quer experimentar mais. Uma atitude negativa faz com que você se afaste de um assunto. Se você tem uma atitude negativa em relação a algo que está aprendendo, a sua atenção se foca em outra coisa e a informação que você poderia estar aprendendo provavelmente será filtrada.

As suas atitudes podem determinar qual valor você deposita no aprendizado, e a sua atenção é direcionada pelo valor. Quando você

Capítulo 2: Conhecendo o Seu Incrível Cérebro

começa a identificar as atitudes e crenças que o estão prendendo, você pode começar a mudá-las. Para começar a explorar as suas atitudes negativas, tente seguir estes passos:

1. **Identifique um tópico acadêmico que está causando dificuldades e repare no problema.**

   Qual é especificamente o problema — a sua percepção da sua habilidade, a dificuldade do conteúdo, ou um professor complicado? Escreva as suas respostas.

2. **Considere o seu motivo ou propósito para aprender este material.**

   Você tem uma razão suficientemente boa? O que o está motivando? Por exemplo, talvez você queira um emprego com uma melhor remuneração?

3. **Pergunte-se quais crenças podem estar limitando você, e anote-as.**

O motivo para seguir estes passos é que eles ajudam a identificar um tópico problemático, avaliar o seu valor (você realmente se importa se isto é um problema?) e expor atitudes ou crenças que podem estar atrapalhando o seu progresso. No Capítulo 4, eu explico como condicionar atitudes e crenças úteis através das técnicas de afirmação e visualização para que você possa seguir em frente.

Quando estava aprendendo francês no ensino médio, eu não via valor algum nisso. Consequentemente, eu achava a matéria difícil e eventualmente não passei na prova. Em retrospecto, eu poderia ter encontrado algum valor em aprender francês se tivesse pensado em um objetivo pessoal. O meu objetivo poderia ter sido: falar francês me ajudaria a impressionar as garotas!

Estabelecer um objetivo cria valor, e o valor foca a sua atenção naquilo que é importante. Encontre um propósito no que você está aprendendo, não importa o quão pequeno seja, e observe como o seu cérebro se liga. Atenção, concentração, solução de problemas e criatividade, todas podem ser aprimoradas quando você sabe o que tem valor. Depois que você traz as atitudes limitantes para a sua consciência e cria um objetivo que inspira interesse, você provavelmente reduzirá a dificuldade que tem na aprendizagem.

Se você está passando por dificuldades e não consegue trabalhar com as atitudes e crenças limitadoras sozinho, considere buscar uma ajuda profissional. As técnicas incluem hipnoterapia, que tem se tornado cada vez mais reconhecida como uma ferramenta útil na melhoria da aprendizagem e da retenção de informações. (Para mais informações sobre a hipnoterapia, veja o Capítulo 5.) Você também pode acessar um guia profissional online de preparação para provas no meu site em www.passingexams.co.nz.

Tornando-se sensível

Envolver uma série de sentidos na medida em que você aprende é o segundo princípio para ajudar na melhoria da aprendizagem. O Capítulo 3 fala sobre os estilos de aprendizagem, ou as preferências de como o seu cérebro recebe, processa e comunica informações.

É geralmente aceito que quanto mais sentidos forem usados na experiência de aprendizado, mais fortes e mais complexas serão as redes neurais que se desenvolverão. Isto melhora a retenção da entrada sensorial, consolidando informações da sua memória de curto prazo para a sua memória de longo prazo.

Um estudante que eu conheço comentou recentemente que acha o aprendizado através da leitura de livros difícil. Ele tinha uma prova importante de anatomia humana para seu curso de esportes e recreação que estava próxima, e seu instrutor queria que ele lesse muito. Ele escolheu uma outra maneira. Em vez de simplesmente receber informação sensorial através da leitura, ele assistiu a um vídeo educativo no YouTube em que um instrutor ensinava o mesmo conteúdo. Meu amigo estudante estava vendo, ouvindo e vivenciando o conteúdo através de vários sentidos. Ele ressaltou o quão mais fácil era aprender todos os termos técnicos e como o processo de aprendizagem era muito mais interessante! Consequentemente, ele se deu bem na prova.

Usar múltiplos sentidos para receber informações é conhecido como *aprendizado multimodal*. O aprendizado é ainda mais aperfeiçoado quando se aplica um esforço sólido nele. Isso me leva ao terceiro princípio de aprendizagem rápida — o esforço.

Fazendo um esforço sólido

O terceiro princípio usando o modelo tríplice é o esforço que você dedica para ajudar a melhorar sua aprendizagem. À medida que você reflete, questiona e revisa repetidamente o conteúdo ou a atividade que está aprendendo, as redes de células cerebrais estão se construindo e se fortalecendo vigorosamente. Com isso, o conhecimento que você está criando ganha mais compreensão, retenção e recordação.

O consultor educacional Mark Treadwell sugere que o processo de aprendizagem seja iniciado por um comando que estimula uma emoção, que, por sua vez, faz com que você faça questionamentos, o que o torna curioso. Aplicar um esforço sólido e consistente em constantemente refletir, revisar e reiterar informações ajuda a construir uma base de conhecimento. Esse conhecimento pode formar ideias que, se aplicadas a uma série de contextos, podem formar um entendimento conceitual. Com ainda mais reflexão, diferentes combinações de conhecimento, ideias e conceitos podem formar uma estrutura conceitual que permite que o aluno preveja novas possibilidades em outros contextos. É daqui que as ideias inovadoras e criativas vêm e o que Mark e seus colegas acreditam ser o motivo primário para a educação no século 21. Para mais informações sobre o trabalho acerca da mudança de paradigma educacional de Mark Treadwell, visite www.marktreadwell.com.

Acionando as suas emoções

O quarto princípio listado no acrônimo ASSET é a emoção. Muitas pesquisas foram conduzidas sobre o link entre a emoção e a memória e ainda mais pesquisas são necessárias para realmente se compreender como elas funcionam juntas. Basicamente, os pesquisadores sugerem que as experiências que causam emoções mais fortes (ao contrário das emoções neutras) parecem ser lembradas com mais facilidade. Por exemplo, você consegue se lembrar da sua experiência favorita nas suas férias? A sua memória de longo prazo relembra disso facilmente, certo? Acredita-se que partes do centro emocional do seu cérebro, o sistema límbico, interagem com a comunicação neural e do astrócito ao liberar hormônios para dentro das sinapses durante a formação das memórias emotivas.

Agora tente se lembrar de uma experiência de aprendizagem, talvez com o seu professor favorito. Você reconhece alguma emoção associada a ela? A memória voltou facilmente ou não? Se a associação teve uma resposta emocional neutra associada a ela, a probabilidade de você se relembrar é pequena. No entanto, se você associar emoções como a curiosidade, surpresa, excitação ou antecipação com uma aula, é mais provável que você se lembre dela.

Quanto mais positiva a emoção que você associar com o seu aprendizado e quanto mais emoção você puder trazer para o preparo para as provas, mais provável será que você retenha e relembre a informação.

Por outro lado, o estresse e as emoções negativas que o acompanham tem o efeito oposto. Quando você se sente estressado, a resposta natural do cérebro é liberar adrenalina como um hormônio do estresse nas redes neurais e por todo o seu corpo. Isto pode prejudicar o aprendizado e a retenção da memória. A boa notícia é que você pode reduzir rapidamente o excesso de adrenalina no seu corpo/mente através de uma intensa sessão de atividade física.

Para mais informações sobre as técnicas de como melhorar a sua memória, veja o Capítulo 11.

De olho no tempo

O quinto e último princípio que você pode usar para melhorar seu aprendizado está relacionado à frequência com a quantidade de tempo que você revisa uma informação. Ao tocar um piano, se as notas individuais são tocadas com um intervalo muito grande, elas não produzem música. E assim funciona com o seu cérebro. Se você deixar um espaço muito grande entre a sua exposição inicial à nova informação e a sua revisão dela, a sua retenção da memória será reduzida significativamente.

Estudos da memória sugerem que a retenção é dramaticamente melhor se você revisar o que aprendeu inicialmente dentro de 24 horas. A sua retenção é ainda melhor se você fizer uma segunda revisão dentro de uma semana e uma terceira dentro de um mês. Toda vez que você estuda a informação, particularmente nas primeiras 24 horas, você está acionando e fortalecendo a comunicação das células cerebrais e consequentemente ajudando a consolidar o conhecimento da memória de curto prazo para a memória de longo prazo. Isto é discutido com mais detalhes no Capítulo 11.

Surfando nas Ondas do Seu Cérebro

A informação que entra através dos seus sentidos — o que você vê, ouve, toca, prova, cheira — passa pelas suas células cerebrais através de um processo eletroquímico. O movimento desta energia cria as ondas cerebrais.

Explorando as frequências cerebrais

As ondas cerebrais funcionam com cinco frequências principais de energia elétrica cuja unidade é o hertz (Hz), que podem ser medidas com um eletroencefalograma (máquina de EEG):

- **Ondas beta** (13 a 30 Hz) são usadas no estado normal, totalmente desperto. Todos os seus sentidos estão operando nesta frequência e as ondas beta também direcionam a sua memória de curto prazo enquanto você segue com suas atividades diárias.

  Curiosamente, muitas das tecnologias do mundo moderno operam em níveis altos de beta. O seu cérebro tem a tendência de se harmonizar ou sincronizar com seu ambiente externo. Entretanto, ficar em um estado alto de beta por um período prolongado causa tensão no seu corpo. É por isso que quando você se afasta da tecnologia e entra em ambientes mais naturais — digamos, passeando descalço no parque ou pela praia — você começa a relaxar.

- **Ondas alfa** (8 a 12 Hz) são geradas quando você está em um estado de relaxamento porém ainda alerta, consciente de seu ambiente exterior. Este é o estado ideal para a aprendizagem. Curiosamente, as crianças pequenas operam no estado alfa naturalmente, o que pode explicar porque elas têm geralmente mais facilidade de absorver informações do que os adultos.

- **Ondas teta** (4 a 7 Hz) emergem quando você está profundamente relaxado. O estado teta pode ser alcançado através da meditação ou de sonhos acordados profundos e é vantajoso para aumentar a sua criatividade e suas habilidades de solução de problemas. A memória de longo prazo é facilmente acessada no estado teta, portanto os hipnoterapeutas a usam na terapia.

- **Ondas delta** (0.5 a 3 Hz) são as ondas mais lentas e geralmente ocorrem quando você está dormindo. Neste estado, as funções automáticas do cérebro mantêm os seus sistemas vitais operando.

- **Ondas gama** (26 a 70 Hz, mas geralmente por volta da marca de 40 Hz) são associadas com as capacidades de raciocínio mais altas, que acionam uma série de processos cognitivos diferentes simultaneamente. As ondas gama parecem estar relacionadas à percepção e à consciência, pois elas desaparecem quando se está sob efeito de anestesia geral.

Treinando suas ondas cerebrais

As suas ondas cerebrais são altamente flexíveis e você pode manipulá-las deliberadamente para diferentes fins, como uma aprendizagem melhor e pensamento criativo, assim como o relaxamento e a melhora do sono. Acessar diferentes tipos de ondas cerebrais, chamado de *sincronização cerebral*[5], possui benefícios úteis para o desenvolvimento pessoal e profissional, um deles sendo responsável por liberar o potencial de aprendizagem.

Você pode fazer com que as suas ondas cerebrais diminuam e se tornem mais receptivas ao aprendizado ao relaxar o seu corpo através de exercícios de respiração e relaxamento ou técnicas de meditação.

Você também pode usar a tecnologia para ajudá-lo a treinar o seu cérebro para se harmonizar às batidas e ritmos que oscilam nos níveis alfa e teta. As trilhas sonoras de sincronização cerebral o ajudam a mergulhar em níveis profundos de relaxamento, eliminando o estresse e acalmando a sua mente.

Você pode encontrar softwares e produtos de áudio para o *brain entrainment*, como trilhas sonoras e CDs, na internet. Dê uma olhada no Centerpointe Institute em www.centerpointe.com ou digite **sincronização cerebral** no seu mecanismo de busca favorito. Você também pode fazer o download de músicas de relaxamento que induzem a onda alfa na minha página em www.passingexams.co.nz.

Entendendo a neuroplasticidade: Por que o passado não se iguala ao futuro

Há poucas décadas, os cientistas acreditavam que muitas áreas do cérebro, após terminarem de se desenvolver, permaneciam imutáveis para o resto da vida. Entretanto, uma das descobertas mais incríveis sobre o cérebro nos últimos anos é o quanto ele é adaptável às mudanças no ambiente. Essa adaptabilidade é chamada de neuroplasticidade. Os cientistas descobriram que, através de tratamentos neuroplásticos, as pessoas com dificuldades, incluindo problemas físicos causados por lesões no cérebro, dificuldades de aprendizagem e mesmo problemas emocionais, podem essencialmente reprogramar seus cérebros para lidar com o problema.

---

[5] N.E. – a prática de trazer as ondas cerebrais de alguém para determinada frequência.

As redes neurais adjacentes às áreas danificadas assumiriam o comando sobre a massa cinzenta defeituosa, fortalecendo assim as redes fracas existentes. Certos estímulos mentais e externos de fato alteraram o pensamento, a aprendizagem e o comportamento, ajudando as pessoas a retornarem a um funcionamento mais normal.

O que isso significa para os estudantes? Primeiro, isto significa que o seu passado não se iguala necessariamente ao seu futuro. Mesmo que você tenha tido problemas no domínio da leitura ou da escrita ou da gramática — ou em qualquer matéria — você pode melhorar nestas áreas devido à capacidade do seu cérebro de se adaptar às exigências que você coloca sobre ele.

A neuroplasticidade também pode explicar por que você é bom em algumas matérias e ruim em outras. Com o tempo, o seu cérebro se programa a certos tipos de processos de raciocínio e de aprendizagem que se tornam habituais. Você pode ser bom em pensar logicamente e analiticamente para a ciência, mas quando se trata de escrever uma redação, você é desafiado pois seu cérebro simplesmente não está programado para pensar na linguagem como você pensa sobre a ciência. A ideia atual sugere que isso pode ter mais a ver com o seu interesse e sua atitude em relação às matérias e à quantidade de prática que você fez ou não! (Para mais informações sobre este tópico, dê uma olhada nos estilos de aprendizagem no próximo capítulo.)

Um entendimento comum que as pessoas têm em relação ao cérebro é o de que ou o seu lado esquerdo ou o direito do cérebro é o lado dominante. Anteriormente, os especialistas acreditavam que o hemisfério esquerdo permitia um raciocínio mais lógico/analítico, enquanto o hemisfério direito era criativo, artístico e musical. Hoje em dia, os especialistas sabem que este não é o caso.

Graças ao conhecimento recentemente adquirido da neuroplasticidade, alguns pesquisadores agora acreditam que o raciocínio lógico e criativo podem ocorrer em diferentes regiões por todo o cérebro e que não estão relacionados a um lado ou outro. Podemos dizer que você pode dispensar o mito de que se você for bom em matemática e ciência, você não pode também ser bom em atividades criativas.

Para conhecer algumas visões interessantes sobre esse assunto, vá até www.youtube.com e procure por **neuroplasticidade**. Certifique-se de assistir aos vídeos de Norman Doidge e Barbara Arrowsmith-Young.

Devido à incrível capacidade do seu cérebro de se adaptar e se reprogramar, você pode aprender a melhorar o seu raciocínio e o seu comportamento ao desafiar o seu cérebro de diferentes maneiras.

A neuroplasticidade opera tanto no campo físico quanto no mental — tanto no analógico quanto no digital, por assim dizer! Os pesquisadores estão usando softwares de computador e imagens visuais para simular ambientes que favoreçam a neuroplasticidade no cérebro. Eu falo mais sobre a ideia de usar o ensaio mental ou a visualização para fortalecer a comunicação das células cerebrais, a memória e capacidade no Capítulo 4.

Dando Conta de Tudo: A Manutenção do Cérebro

O quanto você cuida do veículo que você usa para te levar aonde quer ir? Você realmente se certifica de que ele está bem mantido? A manutenção constante garante que a sua bicicleta, carro ou moto estejam funcionando bem e lhe dá a segurança de poder chegar bem de um lugar para o outro. O seu cérebro também necessita de manutenção constante. Se você alimentá-lo, der água e passear com ele regularmente, ele pode lhe dar energia, motivação, concentração e foco — ótimos para os seus processos de raciocínio durante a prova. Portanto, como você pode manter o seu cérebro em bom estado de funcionamento? As informações nas próximas seções irão lhe dizer.

Mantendo a saúde ideal

Você já percebeu que nos dias frios, quando todas as portas e janelas da sala estão fechadas e todo mundo está respirando o mesmo ar, logo você se sente com vontade de bocejar? A falta de oxigênio suficiente causa sonolência.

Se você não tomar café da manhã, no meio da manhã o seu estômago provavelmente estará roncando, e uma barriga faminta reduz os nutrientes que dão energia ao seu cérebro. Assim como a água — a desidratação é uma grande causa dos lapsos de concentração. Sinta seus lábios: se eles estão secos agora, há chances de você estar levemente desidratado.

Suplementos que alimentam o cérebro

Apesar de os cientistas discordarem sobre sua eficácia, alguns suplementos são considerados ótimos para o seu cérebro. Eles incluem os óleos de Ômega 3 e 6 (cápsulas de óleo de peixe); lecitina, uma vitamina do complexo B com ferro extra e a erva gingko. O chocolate amargo e hortelã também são considerados bons para o seu cérebro.

Você pode encontrar todos esses produtos no supermercado. Você pode perguntar a um naturólogo ou alguém em uma loja de produtos naturais por uma indicação mais específica. Diga a eles que você está estudando para provas e pergunte o que recomendam.

O seu cérebro funciona através de processos eletroquímicos. A falta de oxigênio, nutrientes ou água reduz a sua eficiência. O seu cérebro consome 20% do ar que você respira, 40% de todos os nutrientes na sua corrente sanguínea e 30% da água que você consome. O seu sangue carrega os nutrientes que dão energia e oxigênio para seu cérebro e o sangue é composto de 83% de água!

Para garantir a saúde ideal para a eficiência cerebral, preste atenção nestes fatores de saúde:

- **Exercício:** Com tudo acontecendo na sua vida, é fácil ficar cansado, estressado ou ansioso, especialmente quando o período de provas está se aproximando e você tem uma montanha gigantesca de livros para escalar. O exercício regular é uma ótima maneira de reoxigenar o seu cérebro. Caminhar, correr, dançar — fazer qualquer exercício físico por pelo menos 20 minutos várias vezes por semana — ajuda o seu cérebro a se manter eficiente e alerta.

- **Oxigênio:** O seu cérebro precisa de muito oxigênio para manter-se funcionando eficientemente. De fato, quase um quarto da sua absorção de oxigênio vai para suprir o seu cérebro. Se você está estudando curvado sobre uma mesa ou sentado em frente ao computador por horas a fio, a sua respiração fica provavelmente curta e é provável que você comece a se sentir sonolento.

Para impedir que você se sinta sonolento, sente com postura ereta e faça alguns exercícios de respiração profunda pela barriga. Faça isto sem expandir o seu tórax. Certifique-se de expulsar o ar residual de seus pulmões. Uma boa maneira de se fazer isto é inspirar pelo nariz contando até 4, segurar contando até 16 e então expirar através da boca contando até 8. Isso reoxigena o seu cérebro e o torna mais alerta. Repita este processo dez vezes e então volte para o seu estudo.

Outro exercício de respiração é inspirar através do nariz, expirar através no nariz e então prender a respiração até onde for confortável sem muito ar dentro do pulmão. Então respire normalmente novamente e repare como você se sente. Esta técnica tem sido usada com pessoas que sofrem de asma e que precisam de mais oxigênio em seu sangue. Útil para os estudantes também!

✔ **Nutrição:** A boa nutrição e o bom aprendizado andam de mãos dadas. A eficiência da atividade neural eletroquímica depende da qualidade de seus neurotransmissores. Os neurotransmissores são compostos de aminoácidos, que derivam da proteína na sua dieta. As vitaminas e os minerais nos alimentos ajudam a converter os aminoácidos em neurotransmissores.

O seu cérebro recebe sua energia através da glicose (açúcar) contida nos carboidratos. Frutas, grãos e verduras são ricos em carboidratos, que se dissolvem no estômago transformando-se em glicose. Garantir que seus níveis de glicose permaneçam estáveis é importante para evitar a letargia ou confusão mental. A falta de energia pode ser facilmente confundida pelo seu professor como desinteresse ou apatia. Se sentir isso, tente comer algo substancial o mais rápido possível.

As gorduras também são importantes. Mais da metade do cérebro é composto por gordura. Cada neurônio possui uma capa de gordura chamada de *bainha de mielina*, que auxilia na velocidade do impulso nervoso. Os processos de raciocínio podem ser diminuídos quando não há muita gordura na dieta mas, como você já deve saber, muita gordura também é prejudicial.

✔ **Hidratação:** Apesar de você obter energia através da comida, o funcionamento eficiente do cérebro necessita de bastante água. O seu cérebro desidrata rapidamente. Mesmo sem sentir sede conscientemente, você pode perder a concentração e a motivação pois o seu cérebro não está recebendo o oxigênio e a nutrição do seu corpo — e lembre-se, o sangue é composto de 83% de água!

Ao estudar, mantenha sempre uma garrafa de água acessível e tente beber até dois litros por dia. Se não conseguir beber tudo isto, suplemente o seu consumo de água com muitas frutas e verduras, que possuem grande quantidade de água. Fique longe das bebidas energéticas com muito açúcar.

Fazendo exercícios

Os exercícios de *ginástica cerebral* ajudam a preparar o seu cérebro para o aprendizado ao relaxar o seu corpo e fortalecer a sua mente. Por exemplo, os exercícios de ginástica cerebral criados pelos pesquisadores americanos Dr. Paul Dennison e sua esposa Gail envolvem movimentos corporais simples que também estimulam o cérebro. Estes movimentos (chamados também de *Cinesiologia Educacional*) sincronizam os dois lados do seu cérebro e ajudam a reduzir a frequência das suas ondas cerebrais.

Os três tipos principais de movimentos de ginástica cerebral cobrem:

- Qualquer tipo de movimentos cruzados dos braços ou pernas que sincronizam os hemisférios direito e esquerdo do cérebro, como caminhar, dançar e fazer malabarismo. Tente levantar o seu joelho em direção ao seu cotovelo oposto, e então faça o mesmo do outro lado. Repita este exercício seis vezes.

- Qualquer movimento de alongamento que libere a tensão e auxiliem o relaxamento, como aqueles descritos nos Capítulos 5 e 6.

- Movimentos energizantes que ajudam a aumentar a concentração, como abrir bastante os olhos e movê-los de um lado para o outro e para cima e para baixo, enquanto respira profundamente.

Para melhores resultados, faça esses exercícios de ginástica cerebral até que se sinta pronto para seguir com seu trabalho. E lembre-se que o seu cérebro também precisa de comida, água e ar.

Durante meus seminários preparatórios para as provas do ensino médio, eu ofereço aos estudantes uma técnica de energização de movimento de olhos que era parte de um experimento que eu li em um jornal local. Resumidamente, dois grupos de estudantes receberam um teste, mas um grupo recebeu o exercício dos olhos antes do teste enquanto o outro não. Quando os resultados do teste foram analisados, o grupo que havia feito o exercício se saiu 15% melhor em relembrar as informações do que o grupo que não fez o exercício. O exercício é muito simples: simplesmente abra bastante seus olhos e os mova da esquerda para a direita durante 60 segundos. Experimente e veja seus amigos rirem de você. Mas, afinal, se ele funciona é melhor usar, certo?

Malabarismo com intenção acadêmica

Uma das maneiras mais divertidas que você pode fortalecer o seu *corpus callosum*, ou aquela ponte entre os hemisférios do seu cérebro, e acionar uma maior atividade mental é através do malabarismo.

Ao fazer malabarismo, o lado esquerdo do seu cérebro opera o lado direito do seu corpo e vice-versa. Isto significa que à medida que você joga as bolas de uma mão para outra, o seu cérebro está fazendo um desenvolvimento neural complexo entre os hemisférios até que se programe permitindo que você faça a atividade automaticamente, sem pensar conscientemente nela. É isto que se acredita que fazem os astrócitos.

Progredindo pelos estágios da aprendizagem

Chegar ao ponto de maestria automatizada de um assunto ou habilidade envolve quatro estágios de aprendizagem, como mostra a Figura 2-3.

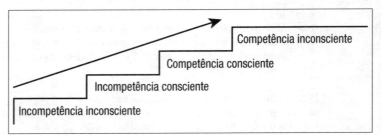

Figura 2-3: Os quatro estágios da aprendizagem. Confusão e frustração ocorrem com frequência nos dois níveis mais baixos, ponto em que muitas pessoas desistem. A perseverança é a chave do sucesso.

Quando você aprende algo novo, você começa no primeiro estágio — *incompetência inconsciente* —, que significa que você não é bom em alguma coisa e você realmente nem sabe disso. O segundo estágio é a *incompetência consciente*, em que você acorda para o fato de que é incompetente.

Nestes níveis mais baixos, o seu cérebro ainda está tentando fazer as conexões neurais e a confusão e frustração ocorrem com frequência. Ao aprender a fazer malabarismo, por exemplo, você deixa as bolas caírem com frequência nestes estágios, e é muito fácil desistir e dizer, "eu simplesmente não sei fazer malabarismo". O mesmo processo se aplica à aprendizagem de qualquer coisa nova — matemática, ciência, contabilidade, o que for. Quantas vezes você já desistiu porque estava confuso?

O seu cérebro demora um tempinho para formar as redes neurais. Mas ao perseverar, você atinge o terceiro estágio da aprendizagem: a *competência consciente*, em que você começa a ficar melhor no assunto. Com tempo, e prática, você atinge o quarto estágio: a *competência inconsciente*. Isto significa que você está programado para realizar o pensamento e o comportamento sem pensar conscientemente. Ele entrou em modo livre.

A confusão é uma parte natural do processo de aprendizagem. A confusão é uma coisa boa! Durante o processo de aprendizagem, você provavelmente se sentirá frustrado e confuso inicialmente enquanto o seu cérebro trabalha para programar uma nova maneira de pensar. Não se desespere, persevere!

Aprendendo a fazer malabarismo

Nos meus seminários, eu geralmente ensino os meus alunos a fazerem malabarismo, e eles se surpreendem com o quão fácil pode ser quando se entende como o cérebro e o raciocínio funcionam para completar a tarefa. Você pode fazer o mesmo seguindo estes quatro passos:

1. **Prepare-se.**

    Diga a si mesmo qual é o propósito ou a intenção de fazer esta tarefa. Qual é o seu porquê? Após esclarecer o seu propósito, relaxe. Respire profundamente e permita que seu corpo relaxe.

    Para ajudar o seu corpo e mente a relaxarem, use frases afirmativas, como "Eu consigo fazer isto. Eu sou capaz de aprender a fazer malabarismo." Tente se imaginar (e sentir) fazendo malabarismo com o seu olho mental.

2. **Segure uma bola na sua mão direita e duas na esquerda. Com a esquerda solte a bola da frente (dentre as duas) e jogue transversalmente e a pegue com a sua mão direita. E então jogue de volta para a esquerda. Repita esta sequência até que ela se torne programada.**

Parte I: Liberando Seu Potencial Para Passar em Provas

3. **Quando puder fazer o Passo 2 sem pensar conscientemente nele, vire a sua atenção para soltar a bola solitária na sua mão direita. Certifique-se de que a primeira das bolas da mão esquerda se movimenta e pense apenas em soltar a bola da mão direita e pegar com a esquerda.**

   Pratique este movimento até que ele fique tão suave que você não precise pensar conscientemente sobre os seus movimentos das mãos.

4. **Quando tiver duas das três bolas passando por entre as suas mãos com facilidade, coloque toda a sua atenção em soltar aquela terceira bola enquanto a segunda volta. Aponte para soltar a terceira bola para ser pega pela sua mão direita.**

   Este passo completa a sequência do lançamento das bolas. Com um pouco mais de prática, você verá que é capaz de repetir várias vezes.

Parabéns! Você usou os quatro estágios de aprendizagem para fazer malabarismo com três bolas!

Capítulo 3

Descobrindo Como Aprender

Neste Capítulo

▶ Arrumando o seu espaço ideal de estudo

▶ Descobrindo as suas melhores horas para o aprendizado

▶ Descobrindo seus estilos preferidos de aprendizagem

▶ Conhecendo mais os estilos e pensamentos de aprendizagem

▶ Motivando-se para aprender

▶ Decompondo o tempo de estudo

*V*ocê já deve ter ouvido falar sobre estatísticas declarando que a quantidade de informação no mundo hoje está duplicando a cada dois anos. Isto significa que o que você aprende no seu primeiro ano na escola será obsoleto no seu terceiro ano. Mais e mais pessoas trabalharão em uma série de empregos diferentes antes de se aposentar. E os avanços tecnológicos requererão conhecimentos que ainda não foram inventados. O mundo está mudando — e mudando rapidamente!

Para manter-se a par com essas mudanças e manter a sua empregabilidade no futuro, você precisa saber sobre as diferentes maneiras com que você absorve informação, para que você possa se adaptar às mudanças e organizar o seu tempo mais eficientemente. Se você não for capaz de aprender rápido, você pode estar se limitando.

Este capítulo oferece maneiras de aprimorar sua forma de aprendizado. Eu falo sobre os estados físicos de aprendizagem para ajudá-lo a identificar o tipo de espaço de estudo que você precisa para aprender com mais eficácia. Em seguida, exploro os tipos de estilos de aprendizagem para ajudá-lo a descobrir as preferências desenvolvidas pelo seu cérebro, em relação a como ele processa e comunica as informações. A motivação e a organização do seu tempo também são aspectos essenciais para a boa aprendizagem. Neste capítulo você descobre como melhorar nas duas áreas de preparo para as provas.

Organizando o Seu Local Ideal de Estudo

Uma das grandes coisas sobre os seres humanos é a sua diversidade. Cada um é individual e único. Por isso, quando se trata de estudar para provas, todo mundo tem a sua própria estratégia, desenvolvida ao longo do tempo a partir de experiências educativas no passado. Ainda assim, todos os indivíduos tendem a usar as maneiras habituais de aprendizagem que foram desenvolvidas na escola quando criança e, frequentemente, revertem ao estilo familiar de aprendizagem, mesmo que eles não sejam a melhor forma para eles aprenderem.

A maioria dos estudantes que se saem bem nos estudos acadêmicos usa os estados e estilos de aprendizagem que se encaixam na maneira em que a escola ou universidade realizam as coisas. A educação é produzida para as massas, com os parâmetros de tempo e financeiros influenciando a qualidade e quantidade de aprendizagem a qual cada estudante está submetido.

Os estudantes que não se encaixam na abordagem genérica e produzida em massa e que ficam à margem, podem não saber como trabalhar dentro do sistema, ou não estão conscientes de seus estilos e estados ideais de aprendizagem. Isto certamente não significa que eles não possam aprender (apesar de algumas pessoas crescerem acreditando que não são capazes). Mantenha em mente que alguns dos maiores pensadores e realizadores do mundo abandonaram a escola quando jovens pois não conseguiam se adaptar ao estilo dominante de ensino.

As pessoas podem adotar estratégias diferentes para aprender e estudar. Use os fatores que influenciam o aprendizado na lista a seguir para ajudá-lo a identificar as suas estratégias atuais. Anote as condições que se encaixam melhor com você.

- **Local:** Você acha que aprende melhor em um cenário de uma sala de aula, na biblioteca, na casa de um amigo, ao ar livre, ou na cama, no seu quarto, em casa?

- **Ambiente:** Você prefere que a sua área de estudos seja arrumada e bem organizada, ou você se sente melhor no meio da bagunça?

- **Iluminação:** Você prefere uma sala com uma luz mais fraca de abajur ou você prefere uma sala bem iluminada com iluminação de teto?

Capítulo 3: Descobrindo Como Aprender 47

✔ **Temperatura:** Isto faz diferença para você? Qual temperatura você prefere geralmente? A sua localização e a época do ano em que caem as provas podem ajudar a determinar o quão fresco ou aquecido você prefere o seu espaço.

✔ **Som:** Você prefere estudar no silêncio ou com uma música suave, música pop, o bater de um relógio, o rádio, conversas ao fundo, ou barulho de trânsito?

✔ **Cheiro:** Você queima incensos ou óleos essenciais ao estudar? Acredita-se que inalar certos aromas, como o de hortelã, aumentam a clareza mental.

✔ **Postura:** Você gosta de se sentar em uma cadeira com uma mesa, deitar na cama, ou de se movimentar? Como você se senta ou deita faz diferença em relação a como você se sente durante longos períodos de concentração.

✔ **Bebida e comida:** O que você bebe e come enquanto estuda para as provas? Consumir bastante água e lanches energéticos permitem que você mantenha a clareza mental e o foco.

✔ **Organização do tempo:** O quão facilmente você consegue seguir um calendário de estudos? Você gosta de ser super organizado ou prefere apenas estudar sem organização?

Essencialmente, você está buscando maneiras de identificar estados de aprendizagem que sejam confortáveis, relaxantes, organizados e livres de distrações. Quando você sabe quais estados se adaptam melhor para você, você pode preparar o seu ambiente ideal de estudos, o que por sua vez aumenta a sua habilidade de se preparar e, consequentemente, passar nas provas.

Arrumando o seu espaço de estudo

O local de estudo é importante, pois o ambiente em que você estuda pode ajudar ou prejudicar a sua habilidade de pensar, aprender e revisar. Estudar na mesa da cozinha pode lhe oferecer espaço, mas se você se distrair constantemente pelo movimento na cozinha, especialmente perto da hora das refeições, você perderá a sua linha de raciocínio.

Tudo no seu ambiente pode afetar a sua concentração, portanto é importante que você crie um espaço favorável à sua aprendizagem e ao esforço nos estudos, e que não o perturbe.

Se você não tem como reservar um quarto só para você, designe uma área de uma sala ou quarto com uma boa mesa e uma cadeira confortável com suporte para as costas. Este é o seu espaço de

Parte I: Liberando Seu Potencial Para Passar em Provas

estudo, portanto proclame-o para todos os residentes e certifique-se de que ele não seja tomado pelas coisas dos outros.

Use estas dicas ao arrumar o seu espaço ideal de estudo:

- Se você não tiver como ter a sua própria sala, use uma divisória de ambientes para separar o seu espaço do resto da sala.

- Certifique-se de que a cadeira em que você vai se sentar é confortável e que oferece um bom apoio para as costas, para que você não fique curvado por horas a fio.

- Certifique-se de que tenha bastante gavetas e prateleiras para que tenha um espaço para guardar suas coisas e para que tudo fique facilmente acessível. Você não quer se distrair tentando achar as coisas.

- Coloque comentários, fotos ou representações visuais inspiradoras de seus objetivos nas paredes em volta do seu espaço. Elas o ajudam a se manter motivado e focado em seus objetivos para dar conta de todo o trabalho duro que está fazendo.

- Instale uma boa iluminação — um abajur ou uma boa lâmpada de teto. A má iluminação causa cansaço visual, o que reduz a sua concentração, e consequentemente, a sua motivação.

- Certifique-se de que tenha uma boa qualidade de ar. Certifique-se de que esteja próximo a uma janela para que possa abri-la de vez em quando e respirar profundamente para manter o seu sangue oxigenado. Queimar óleos essenciais, como o de hortelã, pimenta do reino e manjericão também ajudam a aumentar a clareza mental. Coloque algumas plantas no seu espaço de estudo para ajudar a purificar o ar.

- Prepare o clima. Música é bom desde que não o distraia. Use música clássica barroca suave ou música high-tech para ajudá-lo a relaxar e induzir as ondas cerebrais alfa que são mais propícias para os estudos. (Eu explico como alterar as suas ondas cerebrais no Capítulo 2.) Músicas familiares são permitidas desde que as letras não distraiam a sua mente consciente e o faça perder a sua concentração.

Eliminando as distrações

Um dos problemas mais comuns enfrentados por estudantes ao se prepararem para as provas é a incapacidade de se focar o bastante durante as sessões de revisão devido às distrações. Para ajudar a diminuir as distrações de todos os tipos e manter o foco, use estas dicas:

Capítulo 3: Descobrindo Como Aprender

✓ **Reduza as distrações externas.** Se você organizar um bom ambiente de estudo que seja separado das outras áreas da casa e que seja confortável e bem organizado (como descrevi na seção anterior), então você deve ficar livre de qualquer distração externa.

✓ **Reduza as suas distrações internas.** Se você estiver preparado para estudar, bem alimentado e hidratado, tiver feito exercícios e está alerta, e também livre de ansiedades mentais, como problemas de relacionamento, ou financeiros, então você deverá estar internamente preparado e focado no trabalho à sua frente.

Uma boa maneira de lidar com as distrações internas, como as preocupações, é arquivar o problema fazendo um contrato consigo mesmo de não pensar sobre o assunto, até o fim da sessão de estudo. Isto pode ser impossível se o seu *sistema límbico* (a região do seu cérebro que lida com as emoções) estiver trabalhando além da conta. Qualquer estado altamente emocional é difícil de se controlar com o pensamento racional, portanto você simplesmente tem que fazer o seu melhor para vencer isso.

Uma estratégia rápida para lidar com as fortes emoções é realmente mergulhar nelas e senti-las intensamente. O ditado — o que você resiste, persiste — é verdadeiro. Tentar se impedir de sentir emoções inúteis pode, na verdade, fazer com que elas fiquem ainda mais intensas. Dê a si mesmo a permissão de senti-las (quando for adequado) e deixe-as fluir através de você e, em seguida, para longe.

✓ **Mantenha o foco.** Você perderá a concentração se não tiver motivos claros pelos quais está se dedicando a este trabalho. Se puder estabelecer objetivos e intenções, e encontrar algum valor no que está estudando, geralmente você não terá problema em se manter focado e manter uma alta concentração. (No Capítulo 4, eu forneço muito mais informações sobre como estabelecer objetivos.)

Às vezes é impossível eliminar todas as distrações durante o seu tempo de estudo, portanto seja flexível. Organize aquelas coisas sobre as quais você tem controle, e deixe para lá aquelas que você não tem como mudar. Por exemplo, você não pode mudar facilmente os ritmos naturais do seu corpo e os ciclos de alerta quando você começa a perder a concentração, mas você pode contorná-los ao escolher boas horas para estudar (veja a seção "Como Saber Qual é a Sua Melhor Hora de Aprendizagem" mais à frente neste capítulo).

Usando uma escala de distração

Uma *escala de distração* é uma boa maneira de identificar as coisas que interrompem os seus padrões de raciocínio quando você tenta se concentrar. Você pode, então, começar a evitá-las. Einstein usava um índice de distração quando estava desenvolvendo novas ideias.

Imagine-se se preparando para as provas. Enquanto você está sentado tentando estudar, considere todos os cenários possíveis que poderiam ocorrer e o distrair do seu estudo — um relógio batendo, barulhos externos, pessoas falando, o seu telefone tocando. Liste cada cenário em um pedaço de papel e, ao lado de cada um, desenhe uma escala de distração, uma pequena linha com números igualmente espaçados de 1 a 5:

>   1 = não perturbador
>
>   2 = um pouco perturbador
>
>   3 = perturbador
>
>   4 = muito perturbador
>
>   5 = extremamente perturbador

Agora, adicione uma marca na escala de irritação para indicar o nível de irritação que faria com que você se distraísse.

Para cada número na escala de distração, pense em uma solução que poderia diminuir o nível de irritação na escala (digamos, do 5 para o 2) ou fora da escala totalmente. Por exemplo, se o seu irmãozinho entrando no seu quarto quando você está estudando ganha um 5 na sua escala de irritação, uma solução é falar para o seu irmão não entrar quando houver um aviso na porta. Coloque um aviso na porta com algo escrito, do tipo: "Revisão em andamento — por favor, não perturbe." Se isto não funcionar, coloque barricadas!

Às vezes, você não terá como eliminar a distração, mas, com uma solução criativa, você pode, ao menos, reduzir o nível de irritação na sua escala.

Algumas de suas distrações, na verdade, são bastante prazerosas. Parar para lanchar ou passear com o cachorro, enquanto ainda são distrações, na verdade alimentam o desejo de prazer do seu cérebro. Se você se pegar interrompendo o seu estudo a cada cinco minutos, use estas distrações prazerosas como recompensa. Estabeleça uma meta de que após certo tempo de estudo — digamos, de 30 a 50 minutos — você se recompensará com um lanche ou um passeio — ou os dois! Use a recompensa para motivá-lo a se concentrar por períodos mais longos de tempo.

Como Saber Qual é a Sua Melhor Hora de Aprendizagem

Tudo na vida tem um ritmo. O sol, a lua, as estações e as marés, tudo isto funciona em um ritmo. O mesmo acontece com os seres humanos. Você possui *ritmos circadianos* diários, mensais e anuais, ou seja, os ritmos corporais que influenciam a sua sensação de bem-estar e sua eficiência pessoal. Por exemplo, você se considera uma pessoa da manhã ou da noite? Você se vê sentindo naturalmente sono entre as 2 e 6 da tarde e depois tende a se sentir revigorado no fim da tarde?

Tornar-se mais consciente dos ritmos naturais do seu corpo ajuda-o a determinar suas melhores horas para aprender. Você pode então planejar estudar quando a sua mente estiver mais desperta, energizada, e capaz de manter a concentração e o foco.

Uma maneira de descobrir os seus ritmos corporais comuns é desenhar um simples gráfico linear destacando o quão desperto e energizado você se sente durante um dia comum. Siga estes passos:

1. **Em uma folha de papel com linhas desenhe o eixo Y e o chame de "Nível de alerta". Desenhe uma escala numerada de 1 a 5, com o 5 no topo, onde 5 = extremamente alerta, 4 = muito alerta, 3 = bem alerta, 2 = quase não alerta e 1 = não alerta.**

2. **Chame o eixo X de "Hora do dia", e então desenhe uma escala da esquerda para direita mostrando as horas do dia, começando com o horário em que você acorda e terminando com o horário que você costuma ir para a cama.**

3. **Marque o seu estado de alerta durante o andamento de um dia comum, e então junte os pontos para produzir um gráfico mostrando os ritmos normais do seu corpo.**

O gráfico na Figura 3-1 mostra as minhas melhores horas para estudar e tirar vantagem dos ritmos corporais energéticos: De 10h às 13h e entre 17h e 19h. Estudar em outros momentos não é um problema, é claro, mas o meu corpo pode não estar no seu melhor nível energético.

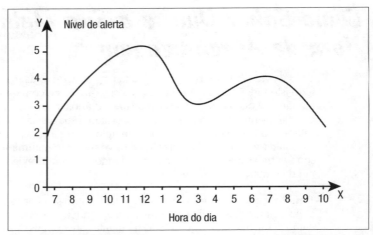

Figura 3-1: Os meus ritmos corporais mostram que o meu melhor horário para estudo são no final da manhã e no começo da noite.

Descobrindo Sua Melhor Maneira de Aprender

Ao aprender um novo material, você utiliza todos os seus sentidos — visão, audição, tato, paladar e olfato — mas geralmente o seu cérebro já desenvolveu uma preferência por um método específico de receber, processar e comunicar informações. Isto é conhecido como um *estilo de aprendizagem*.

As seções seguintes definem os quatro estilos primários de aprendizagem — visual, auditivo, cinestésico e analítico. Apesar de você poder ser dominante em um ou dois desses modelos, o ideal é desenvolver os seus estilos de aprendizagem menos dominantes também, para que você use mais processos de células cerebrais para atingir a demanda da aprendizagem.

Uma série de pesquisadores acreditam que não há pesquisas suficientes que possam sugerir que entender os seus estilos de aprendizagem melhore os resultados acadêmicos. Entretanto, quando eu estava estudando, eu achei útil saber sobre eles e usei várias abordagens diferentes de aprendizagem. Consequentemente, eu acho que você os achará interessantes, nem que seja para que possa decidir por si mesmo!

Enxergando: Os aprendizes visuais

Os aprendizes visuais aprendem melhor ao verem imagens com o olho da mente. Eles gostam de fazer listas, ver gráficos, trabalhar com diagramas e ler as coisas na página real ou virtual.

O melhor método para os aprendizes visuais revisarem informações é converter todas as anotações lineares em formatos visuais (usando mapas conceituais, como aqueles que menciono no Capítulo 10), e então ensaiando como relembrar, recitando verbalmente o que veem com o seu olho mental.

Ouvindo: Os aprendizes auditivos

Os aprendizes auditivos escutam informação em suas mentes. Eles aprendem melhor ao assistirem às aulas e seminários ou CDs e outras gravações de áudio. Eles gostam de dar instruções verbais e ensaiar ideias ao falarem sozinhos.

A melhor forma para os aprendizes auditivos estudarem é organizar as anotações em formato visual e convertê-las em gravações de áudio, e então praticar a relembrança ouvindo e recitando verbalmente as ideias em voz alta. Juntar-se com amigos e trocar ideias e informações também é útil.

Sentindo: Os aprendizes cinestésicos (físicos)

Os aprendizes cinestésicos gostam de se movimentar. Eles aprendem sentindo e fazendo através das sensações físicas do tato e emocionais. Eles geralmente estão sentados ou deitados confortavelmente e mexendo no lápis ou na caneta.

A melhor maneira para os aprendizes cinestésicos de relembrar informações é ao converter suas anotações em formatos visuais e ensaiar a relembrança dizendo em voz alta a informação enquanto interpreta com grande emoção. Quanto mais ideias forem capazes de serem convertidas em sensações táteis e em movimento (por exemplo, escrevendo anotações e usando fichas de memorização), melhor será seu poder de relembrar informações.

Compreendendo: Os aprendizes analíticos (lógicos)

Os aprendizes analíticos usam a lógica e o raciocínio hipotético para aprender novas informações. Eles são os cientistas, pesquisadores, programadores de computador do mundo. O melhor método de estudo deles é converter suas anotações em formato visual e ensaiar a relembrança recitando verbalmente as ideias de forma lógica, como se estivessem ensinando as ideias para seus amigos. A informação precisa ser compreendida analiticamente antes que se consiga ensinar.

Desenvolvendo os seus estilos de aprendizagem

Após identificar os canais primários que o seu cérebro prefere usar para receber e comunicar a informação, é fácil ver por que outro canal pode não ser a melhor abordagem de aprendizado para você. Por exemplo, se você é primariamente um aprendiz cinestésico e aprende melhor através do movimento e dos sentimentos, você provavelmente acha difícil sentar em uma mesa e ouvir um professor ou palestrante que usa primariamente um modelo auditivo (falar e ouvir). Obviamente, o truque é desenvolver todos os canais igualmente, para que você não fique para trás em um sistema que use predominantemente uma maneira de comunicar informações. Combinar uma variedade de estilos de aprendizagem pode ser útil para um aprendizado mais eficiente a longo prazo.

Eu dou mais informações sobre como desenvolver os estilos de aprendizagem ao longo deste livro. A caixa "Fazendo o teste online de estilos de aprendizagem" também pode ajudar. Eu também incluo um teste rápido de estilos de aprendizagem no Apêndice C.

Para descobrir outros fatores que influenciam os estilos de aprendizagem, veja a caixa "Decidindo se você é um ativista, refletor, teórico ou pragmático".

Não há pesquisas suficientes para dizer com toda segurança que os estilos de aprendizagem existem e que as abordagens que os usam sejam mais eficientes do que qualquer outra abordagem. Entretanto, acredita-se, em geral, que se você vivencia o conhecimento do que almeja aprender através de múltiplos sentidos (muitos estilos de aprendizagem), então isto causa um aumento na comunicação das células cerebrais e, consequentemente, uma melhor compreensão e retenção de memória daquele conhecimento. Portanto, uma sugestão para o uso dos estilos de aprendizagem é não levar o seu estilo de aprendizagem muito a sério. Use-o como um guia para explorar diversas maneiras de revisar, reter e relembrar informações. Dê uma misturada neles!

Capítulo 3: Descobrindo Como Aprender **55**

Fazendo o teste online de estilos de aprendizagem

Como o seu cérebro principalmente recebe, processa e comunica a informação? Todo mundo aprende diferente, mas, quando você descobre o seu estilo de aprendizagem preferido e identifica os estilos nos quais você é mais fraco, você pode combinar os seus métodos de revisão com a maneira com que seu cérebro está predominantemente programado a pensar e aprender.

Uma forma de descobrir os seus estilos de aprendizagem é fazendo um teste de estilos de aprendizagem (em inglês). Na página inicial de www.passingexams.co.nz encontra-se um link para download do teste. Este teste foca em oito estilos de aprendizagem. Além de identificar as vantagens dos quatro principais estilos de aprendizagem — visual (visão), auditivo (audição), físico (fazer) e lógico (analítico) — o teste indica a sua preferência pelo raciocínio de leitura/redação, verbal, interpessoal (aprender com outras pessoas), e sequencial.

Responda às perguntas e desenhe os seus próprios resultados em um gráfico que se pareça com este abaixo. Quanto mais longe do centro for o seu resultado, mais forte será aquele estilo.

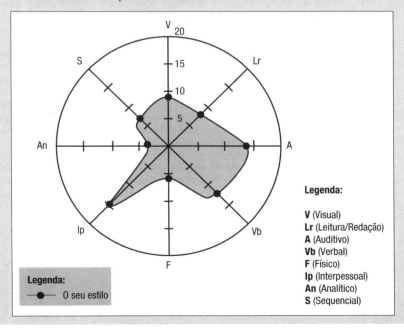

Legenda:

V (Visual)
Lr (Leitura/Redação)
A (Auditivo)
Vb (Verbal)
F (Físico)
Ip (Interpessoal)
An (Analítico)
S (Sequencial)

Legenda:
—●— O seu estilo

(continua)

(continuação)

| Após fazer o teste e ver quais são as suas áreas mais fortes e mais fracas, você pode escolher o formato de revisão que combina melhor com a maneira com que seu cérebro melhor processa informação. | Você também pode praticar estes estilos menos dominantes para acionar todo o seu cérebro. Por exemplo, se você não é primariamente um aprendiz auditivo (escuta), você pode fortalecer este estilo ao gravar as suas anotações para ouvir ou recitar várias vezes. |

Descobrindo se Você é um Pensador Linear ou Circular

Compreender se os seus processos de raciocínio são lineares ou circulares (também chamado de global) permite que você foque em como aprende melhor e molde a sua abordagem aos seus hábitos de estudo:

- Um pensador linear possui uma visão geral de um tópico e segue uma sequência lógica para compreendê-lo. O planejamento do que precisa entrar em uma redação, da introdução à conclusão, requer o pensamento linear.

  Se você é do tipo linear, o seu estilo de pensamento preferido progride em um fluxo linear — um passo de cada vez. Por exemplo, planejar e escrever uma redação requer o pensamento linear — você precisa organizar as suas ideias em uma sequência lógica, da introdução à conclusão. Se você acha extremamente difícil planejar e organizar o conteúdo de uma redação, pode ser que você pense de uma forma mais circular.

- Um pensador circular precisa de uma visão geral, mas chega a entender um tópico a partir de vários ângulos diferentes. Este é um bom processo de síntese no qual muitas ideias podem ser integradas em uma grande ideia.

  Este tipo de pensamento é muito útil no que se trata de decidir o que deve entrar em uma redação — mas não tão útil no que se trata de decidir especificamente onde qual parte se encaixa melhor!

Assuntos diferentes requerem estilos diferentes de pensamento, e as dificuldades que você enfrenta em uma matéria específica podem estar relacionadas ao fato de você não pensar naturalmente da

Capítulo 3: Descobrindo Como Aprender

mesma forma que a matéria exige. Não se desespere! Apesar de você estar em uma desvantagem inicial, o conceito de neuroplasticidade (veja o Capítulo 2) significa que o seu cérebro pode se reprogramar para pensar de novas maneiras que você venha a exigir.

Decidindo se você é um ativista, reflexivo, teórico ou pragmático

Uma maneira de entender os seus estilos de raciocínio e de aprendizagem é considerar a teoria de aprendizagem de adultos criada por David Kolb e, mais tarde, adaptada por Peter Honey e Alan Mumford, a fim de decompor em traços de personalidade. Pergunte-se quais destes tipos de personalidades se relacionam melhor a você:

✓ **Ativista:** Estas pessoas são orientadas para ação. O ativista aprende melhor através de uma variedade de experiências, tem a mente aberta e anseia por tentar algo novo.

✓ **Reflexivo:** Aprende ao assimilar novas informações e gastando tempo para refletir e discuti-la com outros. Gosta de refletir bastante antes de tomar uma atitude.

✓ **Teórico:** Precisa de uma estrutura clara e lógica para aprender novas informações. O teórico geralmente pergunta se algo não faz sentido e coleta informação para esclarecer e formular teorias.

✓ **Pragmático:** Para aprender melhor, essas pessoas precisam que a aprendizagem tenha aplicações práticas relevantes às suas vidas. O pragmático gosta de aprender novas ideias com os outros e as colocar em prática.

Apesar de algumas matérias requererem maneiras diferentes de se pensar, você pode adaptar os seus estilos de aprendizagem se realmente quiser. Por exemplo, se você se vê como um forte pragmático, mas precisa refletir e teorizar sobre um assunto para um trabalho, você pode achar isto desafiador. O que você pode fazer, entretanto, é usar as suas habilidades pragmáticas para encontrar os teóricos e pensadores da sua turma e descobrir como eles abordariam o trabalho. Então você pode moldar o seu trabalho a partir das ideias que eles lhe oferecerem.

Para descobrir os seus estilos de aprendizagem usando este modelo, vá até o site www.peterhoney.com e faça um dos questionários de 40 ou 80 itens (em inglês). Você terá que pagar ao Honey para obter seus resultados, portanto, você precisará do seu cartão de crédito em mãos.

Outro site que explora o conceito de multi-inteligência, desenvolvido por Howard Gardner (e que oferece um pequeno questionário gratuito que você pode tentar), é o do Birmingham Grid for Learning em www.bgfl.org/bgfl/custom/resources_ftp/client_ftp/ks3/ict/ztiple_int/what.cfm (também em inglês). Após completar o questionário, você pode ver quais das multi-inteligências são o seu forte e as áreas em que você não é tão forte.

Alternativamente, tente pedir ajuda para alguém que ache isso fácil (se você é um pensador circular, pergunte a um pensador linear). Não esqueça que pedir ajuda para uma pessoa não significa que ela seja mais inteligente que você — apenas que o cérebro dela é programado de forma diferente.

Motivando-se para Estudar

Existem muitas teorias sobre a motivação dentro do paradigma acadêmico. Eu falo sobre algumas das mais comuns nas próximas seções.

Encontrando valor no que está aprendendo

Uma das teorias proeminentes é a que a motivação se deriva de dois fatores:

- O valor que você deposita na tarefa
- A expectativa de que você é capaz de conseguir um bom resultado

Ao explorar a motivação no aprendizado, considere os dois tipos de valores:

- **Valor implícito:** Você estuda pelo simples prazer de aprender a matéria. Você está motivado pois gosta do assunto, acha-o interessante e se sente curioso para saber mais.
- **Valor explícito:** Você está aprendendo como um meio para um fim. A sua motivação vem em conquistar um objetivo externo — por exemplo, uma nota ou uma qualificação. Você não é tão motivado pelo prazer de aprender algo novo, mas pelo prazer de atingir um objetivo.

A expectativa do sucesso é o outro lado da moeda da motivação. As pesquisas mostram que as pessoas são mais motivadas se acreditam que podem alcançar um objetivo. A autoconfiança cria uma sensação de expectativa — você sabe que é capaz de fazer, e o conhecimento disto é que inspira a motivação.

Você pode representar visualmente o quão motivado você se sente ao simplesmente desenhar em um gráfico, como mostrado na Figura 3-2, marcando o quanto de valor pessoal você coloca e o quão confiante você é de que pode dominar o assunto ou passar na prova.

O gráfico na Figura 3-2 mostra que a pessoa deposita um alto valor (5) no material. Isto pode tanto ser o valor implícito quanto o explícito ou uma combinação dos dois. Entretanto, a expectativa de sucesso da pessoa é muito mais baixa, indicando que por alguma razão ela não acredita que alcançará o resultado desejado. Isto indica que poderia resultar em uma falta de motivação, e que ela precisa tomar algumas providências para aumentar o seu nível de expectativa.

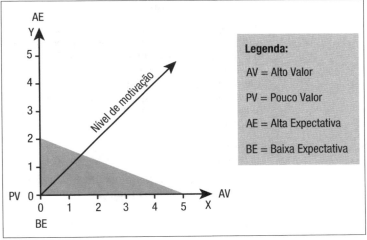

Figura 3-2: Desenhando o gráfico de seus níveis de motivação em termos de valor e expectativa de realização: 5 = alto, 1 = baixo.

No Capítulo 4, eu falo sobre as atitudes que podem melhorar a sua expectativa de sucesso em mais detalhes. Isto inclui olhar para a sua crença em sua autoeficácia — em outras palavras, a própria avaliação da sua habilidade de atingir seus objetivos. As pessoas com alta autoeficácia estabelecem grandes objetivos pois acreditam que podem torná-los realidade, enquanto aquelas com baixa autoeficácia estabelecem objetivos facilmente atingíveis. A eficácia e a expectativa andam lado a lado, pois elas se relacionam às crenças que você tem sobre as suas próprias capacidades.

Acabando com a procrastinação

Outras teorias sobre como a motivação afeta o aprendizado exploram a maneira em que as pessoas criativamente evitam as tarefas ao praticarem a procrastinação, ou fazendo um trabalho relaxado.

Parte I: Liberando Seu Potencial Para Passar em Provas

Você pode superar a procrastinação (e se tornar motivado a aprender) ao:

1. **Entender claramente os seus objetivos.**

   Por que você está estudando e o que está visando? Quanto mais você deposita valor em um tópico, mais provável será que você naturalmente queira fazê-lo. Para mais ajuda com isso, volte e dê uma olhada em "Encontrando valor no que está aprendendo" anteriormente nesse capítulo.

2. **Identificar os problemas de autoderrota.**

   O medo, a ansiedade, a indecisão e o perfeccionismo podem todos ser superados através do pensamento correto. O primeiro passo é a conscientização. Faça uma lista de possíveis crenças limitantes que você possa ter em relação à aprendizagem. Uma delas pode ser: "Eu odeio escrever redações." Mais tarde, quando você tiver um trabalho de redação para fazer e estiver procrastinando, repare em qual diálogo interno está surgindo.

   Para mais informações sobre como interromper os padrões de pensamento inúteis, veja o Capítulo 4.

3. **Estabelecer para si pequenas tarefas para ajudá-lo a construir a sua autoconfiança e autoeficácia.**

   Comece aos poucos e então, comece a elevar o padrão. Realmente enfatize o positivo. Se você não atingiu um padrão que deseja, enfatize o seu esforço mais do que a habilidade, e então, persevere!

O seu passado não se iguala ao seu futuro (refira-se ao Capítulo 2).

Tente fazer a si mesmo as seguintes perguntas e use a estratégia dos três passos descritas acima para reduzir a procrastinação:

- ✓ **Qual é aquela coisa que eu preciso fazer hoje e que não estou com vontade de fazer, mas que irá me ajudar a chegar mais perto do meu objetivo?**

- ✓ **Qual benefício eu terei em fazer esta atividade? Eu me importo?** Tente construir os benefícios — o valor — na sua mente.

- ✓ **Eu tenho escolha?** Pense nas consequências do que acontecerá se você não a fizer. Se você consegue ver mais benefícios, e você tem a opção de não fazer, você se sentirá mais motivado.

Faça a atividade que você pensou como resposta para a primeira questão.

Organize o seu tempo. Anote datas para estudo em uma agenda semanal (veja o Apêndice A para algumas folhas de planejamento que você pode copiar). Estabeleça prioridades e subdivida tarefas grandes em pequenas.

Um dos desafios comuns da procrastinação que escuto de meus alunos é que eles acham difícil até mesmo começar a estudar. A minha dica é se enganar: Diga a si mesmo que estudará apenas cinco minutos e então fará uma pausa. Isto geralmente é o suficiente para que você comece, e geralmente 15 a 20 minutos se passam antes de você se dar conta da hora.

Ao final de cada dia, faça uma lista de tarefas que você precisa fazer no dia seguinte e as ordene de acordo com a importância. Ao priorizar desta maneira, você faz um uso muito melhor do seu tempo.

Tente pré-planejar o dia seguinte antes de dormir. Enquanto está deitado na cama, imagine vendo a si mesmo estudando com empenho e muito propósito. Então imagine-se sentindo satisfeito com o quanto você conquistou neste dia. Você pode se surpreender com como esta simples técnica mental pode ajudá-lo a mantê-lo no fluxo à medida que segue com o seu dia.

Mantendo a sua concentração

Para conseguir estudar eficazmente, você precisa de uma boa concentração. Você consegue sentar e assistir a um filme inteiro por horas e ficar absorvido totalmente? Você consegue executar uma atividade por longos períodos de tempo sem pensar no que vai comer no jantar? Se você disse sim para uma destas perguntas, talvez a sua concentração seja melhor do que você imagina!

Você quer ser capaz de desenvolver e manter a sua concentração para que você possa estudar por 50 minutos por vez. No entanto, não existem regras estabelecidas e fáceis sobre isso, sendo assim fique feliz como você está agora e trabalhe para melhorar cada vez mais.

A sua concentração pode declinar por várias razões. Estar consciente de quais são essas razões pode ajudá-lo a trazê-la de volta:

- **Ambiente:** Desidratação, fome e um ambiente limitado são as principais razões pelas quais as pessoas começam a perder a concentração (dê uma olhada em "Arrumando o seu espaço de estudos" anteriormente neste capítulo). Não se esqueça de

Parte I: Liberando Seu Potencial Para Passar em Provas

fazer pequenos intervalos para alongar o seu corpo e respirar profundamente.

✔ **Distrações:** As distrações externas são uma grande causa da quebra da concentração. Igualmente, as distrações internas, como as preocupações, podem impedir que você mantenha o foco. Você pode arquivar as suas emoções durante as horas de estudo como eu explico nas seções "Eliminando as distrações" e "Usando uma escala de distração" mais cedo neste capítulo.

✔ **Valor pessoal:** Se você se interessa por um tópico, a sua concentração permanecerá alta. Se você não consegue ver qualquer valor na sua matéria, tente criar algum. Talvez você possa pensar no valor que teria você atingir uma boa nota, mesmo não gostando do assunto.

Administrando o Seu Tempo de Revisão

A administração do tempo é outra área importante da preparação. É aqui que entra a autodisciplina. Quantas distrações e pequenos hábitos usam o seu valioso tempo de estudo — ligar para um amigo, preparar um lanche, assistir TV? Faça uma lista das distrações para que você se torne consciente do que elas são quando você estuda.

Identifique também as outras áreas da sua vida que tomam muito do seu tempo. Você é comprometido demais? Existem coisas que você possa largar para lhe dar mais tempo de estudar?

Fazer um calendário com todos os seus prazos acadêmicos pode ajudá-lo a administrar o seu tempo. Uma agenda de planejamento anual ou mensal é bom, mas geralmente a escala é muito grande para se trabalhar com prazos normais. Melhor ainda, crie cronogramas diários e semanais usando os modelos que eu incluí no Apêndice A. Usar estes cronogramas o ajuda a ver exatamente quanto tempo você tem para estudar e cumprir compromissos em dia.

Use tempo do seu dia que de outra maneira seria improdutivo. Por exemplo, plastifique suas anotações e, enquanto toma banho, revise os detalhes de uma matéria em voz alta. Enquanto está a caminho da aula ou do trabalho, escute as suas anotações de revisão gravadas em seu equipamento eletrônico escolhido. Faça o maior uso possível do tempo livre. Vinte minutos por dia, usados dessa

Capítulo 3: Descobrindo Como Aprender *63*

maneira, representam uma hora e meia de tempo extra de estudos por semana.

Uma outra maneira eficaz de trabalhar quando está se sentindo sob pressão para cumprir prazos é adotar uma estratégia de linha do tempo. Isto envolve usar uma técnica de visualização mental que muda a sua percepção interna de quanto tempo você ainda tem para alcançar determinado objetivo.

Frequentemente, o seu cérebro percebe a situação como não se tendo tempo suficiente para fazer tudo. Isto então libera substâncias químicas do estresse em seu corpo, que se torna tenso. Ao mudar a percepção do seu cérebro de quanto tempo você ainda tem, o seu corpo consegue relaxar.

Tente a seguinte técnica de visualização mental.

1. **Feche os olhos e respire profundamente uma ou duas vezes.**

2. **Estique os braços à sua frente e aponte para o seu futuro.**

3. **Vire a palma das suas mãos para cima e visualize o trabalho que você ainda precisa completar e o prazo que quer cumprir.**

   Por exemplo, você pode ter um trabalho para entregar na sexta-feira. No seu olho mental, você consegue se ver de fato entregando o seu trabalho, sabendo que você fez o melhor que pôde. Ao colocar essa imagem na sua frente, você está criando uma linha do tempo de onde você está agora e onde gostaria de estar na sexta-feira.

4. **Agora pergunte-se: "O quão próximo este prazo parece estar para mim?"**

5. **Mova as suas mãos, com as palmas de frente para você, lentamente em sua direção, até que você sinta as suas palmas praticamente encostando no seu rosto.**

   Esta é a sua representação física de não ter tempo suficiente. À medida que você imagina a imagem se aproximando, o seu cérebro percebe uma sensação de urgência, que é o que está deixando-o estressado.

6. **Conscientemente mova a sua mão para trás, e visualize criar mais distância entre o seu presente estado e o cenário futuro.**

Parte I: Liberando Seu Potencial Para Passar em Provas

O cenário ficará menor à medida que se afasta e você sentirá o seu corpo começar a relaxar. Apesar de o seu tempo físico não ter mudado, a percepção do seu cérebro do tempo que você tem restante mudou. Ele pensa que você tem mais tempo e enviará sinais para que o seu corpo relaxe mais um pouquinho.

7. **Respire profundamente. Relaxe e confie que você cumprirá o seu prazo.**

Capítulo 4

Estratégias de Raciocínio de Alta Performance

Neste Capítulo

▶ Descobrindo como a sua mente absorve e processa informações

▶ Cavando dentro da sua memória

▶ Explorando a sua memória pessoal

▶ Entendendo como o seu diálogo interno governa a sua habilidade de aprender

▶ Descobrindo como os estudantes de alta performance pensam e se comportam

▶ Estabelecendo objetivos acadêmicos

▶ Usando afirmações para se condicionar a alcançar objetivos

▶ Visualizando o seu sucesso

*A*tletas de muito sucesso geralmente dizem que muito desse sucesso se deve a estarem *na zona* — um lugar vago onde eles podem se apresentar sem pensar conscientemente nisso. Eles operam no automático; eles praticaram com tanta frequência que se tornaram capazes de se apresentar sem pensar conscientemente sobre o que deveriam fazer (veja o Capítulo 2 para mais informações sobre as funcionalidades do cérebro). Não ter que pensar conscientemente sobre os seus movimentos permite que eles manobrem rapidamente e com facilidade.

Observe os ginastas nas Olimpíadas, por exemplo: Eles fecham os olhos momentaneamente, logo antes de seu evento. Em suas mentes, eles estão visualizando os movimentos e usando o diálogo interno

Parte I: Liberando Seu Potencial Para Passar em Provas

positivo para ativar seus corpos e mentes para que fiquem prontos para agir.

Você pode usar as mesmas estratégias ao se preparar para suas provas e quando estiver sentado na sala de prova; você programa a sua memória para pensar como um estudante de alta performance, e então apenas deixe fluir e permita que a sua habilidade de desempenho siga em frente.

Neste capítulo, eu mostro um modelo da mente que explica como você veio a pensar da maneira como pensa. Eu explico como você pode ficar preso ao passado e como desenvolver hábitos de pensamento de alta performance que podem superar alguns dos desafios comuns que você enfrenta ao se preparar para uma prova.

Compreendendo Como a Sua Mente Funciona

Aquela coisa que você chama de sua mente é, na verdade, a atividade coletiva do seu cérebro. Ter um modelo que mostra como a sua mente funciona é muito útil na melhoria de qualquer área da sua vida, pois a quantidade e a qualidade dos seus pensamentos determinam como a sua vida segue. Você pode facilmente passar pela vida meramente reagindo ou evitando situações, mas existe uma outra maneira de viver: você pode predeterminar a sua experiência ao pensar deliberadamente em coisas e afirmações positivas sobre a sua vida, antes que elas aconteçam!

A maneira como você pensa influencia diretamente como você se sai nas provas. Por exemplo, se você está na ativa e não faz uma prova há muitos anos, uma prova profissional importante pode lhe causar bastante ansiedade. Você pode estar pensando coisas como, "eu odeio provas", "já tem tanto tempo, eu não sei se consigo fazer" ou "eu provavelmente não vou passar".

Mas sabia que você é um grande profeta, prevendo o seu futuro com seus pensamentos negativos? Na maioria das vezes, o *diálogo interno* (a maneira em que você fala na sua mente) cria a resposta indesejada que você mais quer evitar: o fracasso! (Para mais sobre como o diálogo interno afeta a sua performance acadêmica, veja a seção "Melhorando o Seu Diálogo Interno Para Melhores Resultados em Provas", mais à frente neste capítulo.)

Você pode conseguir uma sensação maior de controle sobre as áreas da sua vida que deseja melhorar ao focar no que você quer e não no que não quer. As pessoas de alta performance na verdade conseguem

Capítulo 4: Estratégias de Raciocínio de Alta Performance **67**

esse processo de pensamento deliberadamente. Em vez de basear os seus pensamentos correntes na sua memória, muitas vezes inútil, você pode consciente e deliberadamente pensar em si mesmo no futuro que deseja usando a premeditação positiva. Comece dizendo a si mesmo "Eu estou fazendo isto e, com uma preparação cuidadosa, eu me sairei bem. Eu passarei nesta prova com facilidade".

Entender como a sua mente funciona é importante, pois assim você pode começar a fazê-la trabalhar mais eficientemente para você. Por exemplo, pense no software que roda o seu computador. Você precisa ler as instruções e mexer nele para fazê-lo funcionar adequadamente. O mesmo é verdadeiro para você. A sua mente é composta de dois aspectos importantes que determinam não só como você se comporta, mas como você enxerga o seu mundo. Eu falo sobre esses dois aspectos nas seções seguintes.

Compreendendo através da sua mente consciente

A sua *mente consciente* lida com aquela parte do seu pensamento em que você está mais consciente. A sua mente consciente percebe e interpreta as suas experiências através dos seus sentidos em quatro estágios: percepção, associação, avaliação e tomada de decisão.

Por exemplo, se a sua última prova de química foi muito difícil, quando uma nova prova de química surgir, o seu cérebro faz uma associação consciente instantânea com a prova anterior e prevê que a próxima prova também será difícil. Você pode tomar a decisão de se preparar melhor, baseado em sua experiência passada.

Por outro lado, o seu amigo, que fez a mesma prova e a achou fácil, pode decidir passar menos tempo se preparando para a próxima prova. O processo de associação e avaliação da mente consciente dele o levou a tomar uma decisão diferente. Mesma prova, duas percepções bem diferentes.

Portanto, o que é real e verdadeiro para você se deve inteiramente às atitudes e crenças que causam os seus pensamentos.

Mergulhando na sua mente inconsciente

Muitas das atividades de seu cérebro (pensamentos) operam abaixo do seu nível de consciência. Elas são inconscientes. Enquanto você vive a vida, o pensamento que você tem sobre todas as experiências que você interpretou e aprendeu desde o nascimento formam ideias sobre você e o mundo. Estas ideias são guardadas como uma espécie de memória autobiográfica, muitas vezes conhecida como a sua mente inconsciente.

Usar a analogia de um iceberg é uma boa maneira de ilustrar como a sua mente funciona. Na Figura 4-1, repare que apenas a ponta do iceberg é vista acima da linha d'água. Em outras palavras, você está apenas conscientemente ciente de uma pequena parte da sua percepção, raciocínio e comportamentos. O que realmente impulsionam isto são as suas atitudes, hábitos, valores, ideias e autoimagens inconscientes guardadas na sua memória.

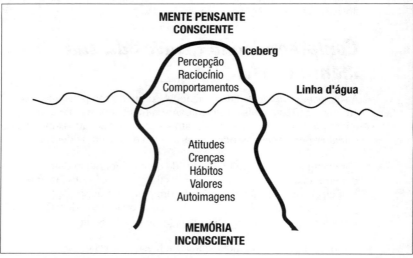

Figura 4-1: A analogia do iceberg – muito do seu poder de pensamento está abaixo da superfície.

Conhecendo a Sua Memória

A memória humana possui três funções:

✓ Conforme o seu pensamento consciente responde às informações sensoriais, esta informação é codificada na sua memória sensorial.

Capítulo 4: Estratégias de Raciocínio de Alta Performance 69

- A informação é recebida através dos seus sentidos e processada da memória sensorial para a memória de curto prazo e então para a memória de longo prazo, dependendo dos cinco princípios descritos no Capítulo 2.

- A informação processada pode ser acessada mais tarde quando você quiser se lembrar dela.

Entende-se que a memória possui duas divisões principais:

- **A Memória declarativa** envolve o relembrar consciente em resposta a uma dica. Também chamada de *memória explícita*, este tipo de memória é influenciada pelo *hipocampo*, uma parte da região límbica do seu cérebro (refira-se ao Capítulo 2).

A memória declarativa é o conhecimento que você codificou e reteve sobre como são você e o mundo. Como a sua memória de maneira geral, a memória declarativa também ocorre de duas formas:

  - A **memória episódica** é o conhecimento que você obteve a partir das experiências que teve em um momento ou lugar em particular (um contexto). Ela é comparada à ideia do conhecimento autobiográfico. "Eu sou bom em redação" é uma memória episódica.

  - A **memória semântica** é a recordação consciente de todos os fatos e de conhecimentos gerais que você aprendeu sobre o mundo e que podem ser independentes de qualquer contexto. Por exemplo: "As redações precisam ser formatadas logicamente através de uma introdução, um corpo e uma conclusão" é uma memória semântica que fornece compreensão. O conceito de escrever uma redação pode então ser aplicado a qualquer contexto — não apenas ao contexto no qual você aprendeu.

- A **memória procedimental** é a memória que você se lembra sem uma dica consciente. Ela é dependente de um contexto. Conhecida como *aprendizagem implícita*, a memória procedimental se relaciona com as habilidades motoras, como saber andar de bicicleta ou dirigir um carro — coisas que você pode fazer sem ter que realmente pensar sobre elas. Os atletas de alta performance recorrem a uma memória procedimental bem desenvolvida.

Conceituando a Sua Memória Pessoal

Por natureza, a sua memória é geralmente constante. A sua função é mantê-lo sendo sempre o mesmo. Se não o fizesse, a sua vida seria um caos completo. Apesar da sua habilidade de se relembrar de conhecimentos poder diminuir com o tempo, o seu conhecimento episódico ou autobiográfico geralmente mantém-se estável como padrão — você sabe quem você é. Você conhece as suas atitudes, crenças, valores e hábitos de pensamento — a sua memória de você mesmo. Por exemplo: "Eu aprendo rápido", "Eu odeio Ciências", "Eu não sei escrever boas redações" e "Eu amo História" são todas ideias que você pode ter desenvolvido sobre si mesmo ao longo do tempo. Este processo de aprendizagem autobiográfica é chamado de *condicionamento*.

As suas crenças condicionadas são o que impulsionam o seu comportamento, fazendo com que você responda a situações num nível de crença, e não num nível de potencial. Você pode estar vivendo bem abaixo do seu potencial acadêmico devido às ideias limitadoras e inúteis sobre a sua habilidade ou interesse no aprendizado.

Acreditar é ver

O seu cérebro decifra as suas experiências do dia a dia através do condicionamento vindo do passado. As suas atitudes, crenças, valores e hábitos de pensamento influenciam a maneira com que você vê o mundo.

Uma das razões pelas quais você percebe situações de maneira diferente dos outros é que o seu condicionamento literalmente influencia o que você vê ou não vê. Às vezes, você pode olhar diretamente para alguma coisa e não vê-la. Dê uma olhada na seguinte declaração:

> Merecedor de mais considerações é o fato de que nós encontramos acesso a uma abundância de informação sobre as funções do cérebro. Este é o resultado de anos de pesquisas e estudos científicos.

Agora, o mais rápido possível, conte quantas vezes você vê a letra *e* aparecer na declaração. Quantas você encontrou? A resposta é 26. Se você perdeu uma letra *e* ou duas, o que você experimentou

Capítulo 4: Estratégias de Raciocínio de Alta Performance

foi um bloqueio sensorial da informação visual. Conte novamente, mas desta vez preste atenção na palavra "de" na declaração. Você encontrou mais letras *e*?

Uma possível razão para o porque isto acontece se relaciona a como você aprendeu a ler. Se você aprendeu *foneticamente* — falando as palavras na cabeça — o seu cérebro provavelmente interpretou o "de" como "d", portanto ele não viu o e. Se você tivesse sido ensinado a ler visualmente, você possivelmente veria mais. Isto é, o seu condicionamento — neste caso, como você aprendeu a ler — determinou o que você viu.

Outra possibilidade é que o seu cérebro gosta de trabalhar eficientemente e seleciona apenas informação suficiente para que você entenda o significado das frases. Como "de" é uma palavra pequena, o seu cérebro pula alguns deles porque eles adicionam muito pouco à sua compreensão.

Peça a alguns amigos que leiam esta declaração e veja quantos *e* eles contam.

Suas crenças sobre um assunto determinam como você o percebe e o vivencia. Este é um ponto importante. Se as suas crenças influenciam as suas percepções — por exemplo, se você acredita que "História é chato" ou "eu não entendo de contabilidade" — então você bloqueará constantemente informações que não combinam com suas crenças. Elas simplesmente não conseguem passar!

Você pode também perceber continuamente e, portanto, se comportar de uma maneira que reforça a sua crença limitadora — uma profecia autorrealizável. Portanto, até que você consiga mudar a sua ideia limitadora sobre história ou contabilidade, você ficará paralisado em um padrão específico, que parece ser impossível de ser melhorado. Acreditar é ver!

Quando eu era aluno do ensino médio, eu acreditava que não tinha uma inclinação acadêmica. Eu nunca me saí particularmente bem nas provas e não planejava ir para a faculdade. Eu mantive estas atitudes e crenças durante dez anos, até eu finalmente decidir voltar a estudar. Como um aluno adulto, eu fui para a faculdade e em pouco tempo eu comecei a me sair muito bem no ensino superior. Eu até ganhei um prêmio por excelência por ser o melhor aluno em três matérias das Ciências Sociais. Esta evidência começou a transformar as minhas ideias limitadoras. Antes desta experiência, eu não sabia como a minha mente funcionava. Eu não sabia que a minha memória estava me mantendo preso no meu nível limitador de crenças. Mas, ainda mais importante, eu não sabia que era capaz de mudar minhas crenças! Eu agora planejo obter, um dia, um PhD.

Resistindo às mudanças

Sempre que você tem um problema ou uma dificuldade ou quando está fora da sua zona de conforto e sob estresse (como durante uma prova), a sua mente naturalmente trabalha para consertar o problema — para liberar a tensão e o ajudar a retornar a um estado de calma.

Por exemplo, se você pensa "eu não sei fazer cálculos", assim que você tentar agir além desta crença e se sair melhor em Cálculo, o seu pensamento, percepção e finalmente o seu comportamento tentam trazê-lo de volta para aquilo que você sabe ser verdadeiro sobre você — de volta para a sua verdade já conhecida.

A *dissonância cognitiva* ocorre quando há incongruência entre o que você percebe e o que você acredita. *Cognitivo* significa "raciocínio" e *dissonância* significa "ficar tenso" — ou "uma falta de consistência entre crenças". Quando há uma incompatibilidade entre o que você vê e o que você conhece como verdade, você se sente inquieto e começa a imaginar pensamentos que contrariam aquela percepção.

A sua mente tenta manter como você se vê predominantemente (como um aluno que não é bom, por exemplo) e faz com que você pense e se comporte de maneiras que sejam mais familiares ao seu velho eu. Por exemplo, enquanto você se observa em um contexto não familiar, tentando estudar para uma prova na mesa da cozinha, o seu pensamento consciente está mandando essa experiência da sua memória não consciente ("isto não se parece comigo") e através da dissonância, tenta o trazer de volta para o que é normal para você — assistir TV enquanto come umas guloseimas!

Em um contexto acadêmico, você é frequentemente requisitado a fazer atividades que estendem as suas atuais crenças sobre suas habilidades. Pode ser um grande trabalho com um prazo curto, ou uma apresentação oral na frente de um grupo grande. Quando você tenta pensar ou se comportar de uma forma que você acredita não ser verdadeiramente sua, uma dissonância desconfortável acontece, forçando a sua mente a ativar pensamentos e comportamentos que o levam de volta para como você se conhece.

A sua mente pode te limitar de várias maneiras:

> ✔ **Engajando-se no diálogo negativo e limitador:** Dizer a si mesmo "eu não consigo fazer isto" ou "minha memória é igual a uma peneira" ou "eu vou fracassar".

Capítulo 4: Estratégias de Raciocínio de Alta Performance   73

- ✔ **Criando estratégias de evasão:** Comer, sair em vez de estudar, assistir televisão, jogar no computador.

- ✔ **Procrastinando:** Priorizar o estudo após outras atividades que necessitem serem feitas.

- ✔ **Arruinando a sua concentração:** Deixar a sua mente vagar quando você está estudando e pensar em outras coisas que você preferiria fazer.

- ✔ **Sendo distraído:** Quando você de fato estuda, você se encontra inquieto ou levantando-se toda hora para pegar um lanche, mandar um SMS, ou botar o lixo para fora.

- ✔ **Aumentando as sensações de ansiedade mental e física:** Quando você está fora da sua zona de conforto, como quando vai fazer uma prova, a sua mente está lhe mandando um feedback físico, dizendo que isto não é familiar — a situação não é algo que você está acostumado.

Para começar a corrigir esses problemas, você precisa mudar o seu condicionamento. Você precisa recondicionar a sua memória inconsciente por dentro para que a ideia de que você é uma pessoa trabalhadora que estuda sem muito esforço e atinge excelentes resultados nas provas se torne a imagem mais dominante na sua mente.

Não deixe que suas crenças limitadoras o impeçam de se sair bem academicamente. Acredite em mim quando digo que o passado não precisa ser igual ao futuro!

Melhorando Seu Diálogo Interno Para Melhores Resultados

A sua *autoimagem* (as crenças que você tem sobre si mesmo) é mantida pela qualidade e quantidade do seu *diálogo interno* (como você fala na sua mente). Alguns cientistas acreditam que os seres humanos pensam de 50.000 a 60.000 pensamentos por dia e que muitos desses pensamentos são repetitivos. O diálogo interno consistente que você tem consigo mesmo fica gravado na sua memória para condicionar as suas crenças. Se dito com bastante frequência, a sua memória aceita o diálogo interno como verdade e certifica-se de que você esteja de acordo com ele. "Eu não entendo, eu devo ser burro" não vai melhorar a sua habilidade de aprender. Porém, "eu ainda não aprendi isto!" pelo menos oferece uma oportunidade de aprender, mesmo que você leve mais tempo do que algumas pessoas.

Se você se torna consciente de como pensa sobre si mesmo em várias situações acadêmicas, como ao se preparar para as provas, você pode começar a identificar o diálogo interno limitador que pode impedi-lo de melhorar a sua performance nelas. Procure identificar as atitudes e sentimentos em geral que você tem sobre si naquela situação, ou em qualquer situação, e transforme o seu diálogo interno em algo positivo e afirmativo.

Quando trabalho no ensino médio nas escolas, eu escuto frequentemente alunos que acham que um professor específico faz com que eles não se saiam bem nas aulas. O diálogo interno deles seria: "Eu estou me dando mal em Inglês porque o meu professor é horrível.". Este tipo de diálogo interno tira a responsabilidade daqueles estudantes. Ele os deixa com uma sensação de que se o professor não está fazendo um bom trabalho, eles não são capazes de aprender, e consequentemente não se sairão bem na prova daquela matéria. Eu sugiro que eles precisam decidir o quanto querem realmente passar naquela matéria. Eles precisam estabelecer um objetivo e se responsabilizarem por seu próprio aprendizado. Uma maneira que eles podem fazer isto é mudando suas atitudes em relação ao professor e ver se o professor responde de maneira diferente a eles.

Você pode se tornar mais consciente do diálogo interno limitador usando um elástico no seu pulso durante várias semanas. Sempre que você se pegar pensando alguma coisa negativa, puxe e solte o elástico para te dar uma beliscada. Você também pode ajudar seus amigos. Sempre que você ouvir seus amigos falando algo limitador, você pode puxar os elásticos deles para fazê-los conscientes de seus deslizes.

Se você não quiser usar um elástico, use uma palavra engraçada como bananas. Essa palavra aleatória ajudará o seu cérebro a interromper o padrão de pensamento limitador. A Figura 4-2 demonstra como o diálogo interno afeta o seu desempenho acadêmico.

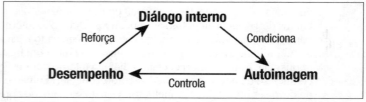

Figura 4-2: O ciclo do diálogo interno — recondicionando a si mesmo.

Capítulo 4: Estratégias de Raciocínio de Alta Performance **75**

 Como o seu desempenho em qualquer área da vida (inclusive nas provas) é influenciado pela maneira com que você se enxerga — a sua autoimagem — faça com que seu diálogo interno seja afirmativo e positivo.

 A maneira com que você se vê como estudante é refletida no seu desempenho acadêmico. O primeiro passo para construir a sua autoimagem acadêmica — o que a sua mente pensa sobre você como estudante — é começar a prestar atenção no seu diálogo interno em relação ao aprendizado e às provas. O seu diálogo interno condiciona a sua autoimagem e esta controla o seu desempenho. Portanto você precisa começar a se imaginar deliberadamente em níveis mais altos de habilidade acadêmica e fazer destes os pensamentos mais dominantes em sua mente.

Durante um tempo você poderá ter que viver em dois mundos simultaneamente, observando a realidade corrente, mas mantendo a sua visão do futuro o mais claramente possível. Com o tempo, entretanto, a sua visão do futuro se tornará a sua realidade corrente e você pensará em uma visão ainda maior.

Explorando a sua autoeficácia

A *autoeficácia* é a sua avaliação da sua habilidade de conseguir criar a vida que você quer. Ela constrói algumas das ideias que você tem sobre si mesmo (a sua autoimagem) e determina se você pensa que pode ou não pode atingir seus objetivos.

As pesquisas mostram a correlação direta entre a autoimagem acadêmica e o desempenho acadêmico. Os estudantes com uma autoimagem forte e altas crenças de autoeficácia são mais propensos a se saírem melhor nas aulas e nas provas do que aqueles com baixas crenças de autoeficácia.

Muitos estudantes têm ideias de autoeficácia relacionadas a certas matérias — "eu sou bom em Matemática" e "eu não sou bom em Inglês" são dois exemplos. Portanto, a autoeficácia acadêmica de um estudante não pode ser generalizada para todos as matérias.

 Uma maneira de construir a sua autoeficácia é fazer uma lista de todos os sucessos que você já teve. Pense no que você é bom fora do mundo acadêmico — o que você conseguiu aprender no passado. Por exemplo, como você aprendeu a usar o computador, digitar rapidamente mensagens de texto no celular, dirigir um carro — qualquer coisa que você conseguiu dominar. Mesmo uma versão menor de seu objetivo acadêmico atual é útil. Então enfatize sobre esse sentimento de conquista e veja se você consegue trazê-lo para o seu objetivo atual. Se você conseguir fazer conexões entre os seus sucessos passados que desenvolveram autoeficácia, você poderá levar isso para os seus novos sucessos potenciais. Em outras palavras, se você aprendeu a fazer A, você é capaz de aprender a fazer B.

Você pode desenvolver a autoeficácia acadêmica em estágios dividindo o seu objetivo em passos menores. À medida que você atinge cada pequeno passo, a sua autoeficácia se fortalece. Você começa a ver as evidências de seus sucessos e, logo, você dirá a si mesmo que *pode* atingir esse objetivo maior. As suas crenças de autoeficácia ficam alinhadas com o seu objetivo e então sentimentos positivos de expectativa começam a surgir. Em pouco tempo, o seu objetivo se torna uma realidade e, como sugere o ciclo do diálogo interno, você se torna encorajado a começar a pensar em direção a sucessos maiores ainda.

Elevando a sua autoestima

Outro aspecto da sua autoimagem é a autoestima. A sua *autoestima*, ou as ideias que você possui sobre o que você se sente merecedor de receber, é uma estimativa do seu valor próprio. Elas podem tomar a forma de padrões ou expectativas e elas têm um papel fundamental no seu sucesso de aprendizagem. Por exemplo, se a sua autoestima em relação a aprender for baixa, você não se sentirá seguro ou autoconfiante em aprender novas matérias ou a se desafiar para padrões mais elevados. Você desistirá facilmente, sem tentar expandir as suas capacidades nas provas. Neste caso, você não valoriza suas habilidades suficientemente altas para avançar e atingir os seus objetivos acadêmicos.

Você deve também expandir a sua ideia de onde você acha que você faz parte. Se você pensa em si mesmo como um aluno mediano que faz apenas o necessário para passar, apenas passar será o resultado que você receberá. No entanto, se você puder elevar os seus padrões e mantiver ideias fortes sobre eles na sua mente, você ativará a sua mente para que ela se comporte de maneiras mais úteis para a aprendizagem.

Quando a sua autoestima em relação ao aprendizado é alta, você sabe o seu valor. Você acredita que pode receber qualquer nota que esteja buscando, pois você tem a autoconfiança de aprender novas matérias, superar os contratempos e perseverar em face das dificuldades.

Para elevar a sua autoestima, você precisa encontrar maneiras de elevar a sua autoimagem acadêmica. Assim como a autoeficácia, você pode elevar a sua autoestima estabelecendo objetivos

Capítulo 4: Estratégias de Raciocínio de Alta Performance **77**

que você possa dividir em pequenas tarefas. Quando você se vir conquistando cada tarefa, você começará a se sentir mais valorizado para buscar os objetivos maiores. Estas dicas podem ajudar:

- ✓ Reconheça cada pequeno sucesso. A cada resultado positivo de trabalhos ou provas, enfatize deliberadamente os sentimentos positivos do sucesso.

- ✓ Use o diálogo interno afirmativo, encorajador e positivo para receber crédito pelos seus sucessos.

- ✓ Colecione os projetos e trabalhos que receberam boas notas e comentários positivos de seus professores e e-mails de amigos e chefes e coloque-os em um arquivo "sinta-se bem". Então, se você tiver um contratempo, pegue o arquivo e lembre-se do quão bom você é, o quão inteligente é, e o quanto é capaz.

Siga estas diretrizes e, com o tempo, você elevará a sua autoimagem e seus padrões e expectativas pessoais.

Modelando-se Nos Alunos De Alto Desempenho

Para começar a acreditar que você tem capacidade nas áreas acadêmicas, você precisa desenvolver, de forma deliberada, a sua autoimagem acadêmica. Uma boa maneira de atingir esse objetivo é coletar informações sobre as estratégias de raciocínio e o comportamento dos alunos que já têm um desempenho em níveis acadêmicos altos. Se você modelar, copiar ou imitar o pensamento e o comportamento deles, você poderá atingir resultados parecidos.

Tente entrevistar um aluno de alto desempenho que você sabe que ficará feliz em falar sobre como ele se prepara para as provas. Na sua entrevista, faça algumas destas perguntas:

- ✓ Você se vê como um bom aluno? Você acha que isso ajuda?

- ✓ Você tem grandes expectativas de bons resultados? Como estas expectativas influenciam o seu preparo?

- ✓ Você está consciente de algum diálogo interno positivo que você usa quando se prepara para as provas?

- ✓ Que coisas você acha que facilitaram para que você se tornasse bom em [matéria]?

- Quais estratégias práticas específicas você usa para se preparar para as provas de [matéria]?
- Quais as técnicas de memorização que você usa?
- Quanto tempo você passa se preparando para as provas de [matéria]?
- Como você se prepara mentalmente para as provas de [matéria]?
- Quanto tempo você consegue se concentrar ao se preparar para as provas de [matéria]?
- Como você elimina as distrações? Onde você estuda?
- Você sente ansiedade pré-prova? Se sim, como você lida com ela?
- O que você faz para relaxar perto da época de provas?
- Quais apoios sociais você tem para ajudá-lo academicamente? Família? Amigos?
- Você acha que ajuda manter próximos a você amigos que tenham aspirações acadêmicas parecidas?
- Você implementa alguma das vantagens de estilo de aprendizagem?
- Você escuta música enquanto estuda? Isso ajuda?

Você pode adicionar a essa lista, escrevendo as suas próprias perguntas que acha que podem ser úteis para compreender o que os estudantes de alto desempenho pensam e fazem. Então, comece a copiar as estratégias de preparação deles.

Desenvolvendo Objetivos Acadêmicos

Uma maneira de transformar o pensamento positivo em ação é estabelecendo objetivos. Você sabe o que quer em termos de objetivos acadêmicos? Você consegue se ver preparando-se eficazmente e tendo um desempenho melhor nas provas?

Estabeleça objetivos que estejam logo à frente da sua atual capacidade, grave-os na memória e permita que a sua mente consciente lidere o caminho. Muitas pessoas buscam resultados baseados em suas avaliações atuais sobre si mesmos, mas o problema nisso é que você fica limitado à sua atual motivação e criatividade de atingir seus objetivos. O quão maior seriam os seus resultados se você não tivesse que saber como os alcançaria? Deixe que sua mente criativa faça o trabalho para você e deixe que ela revele como você pode atingir os objetivos que estabeleceu.

Decidir o que você quer é uma estratégia essencial de pensamento para qualquer objetivo na vida que você estabeleça, pois:

- Os objetivos o ajudam a clarificar e focar o seu pensamento em direção àquilo que você deseja. Quando você visa um objetivo, você pode dizer quando você está no caminho certo ou não durante o processo de atingi-lo.

- Estabelecer objetivos estimula a sua consciência, dizendo ao seu cérebro o que é importante no meio das informações abundantes que ele recebe diariamente.

- Você se torna insatisfeito com a sua atual realidade, o que aciona a sua mente a fazer mudanças ao causar a dissonância cognitiva (para uma definição de dissonância cognitiva, veja "Conceituando A Sua Memória Pessoal" mais cedo neste capítulo).

- Repetir os objetivos para torná-los a imagem mais dominante na sua mente faz com que fiquem gravados na sua memória para que ela trabalhe em direção a eles. Eu abordo como usar a repetição a seu favor em "Escrevendo as Afirmações: Declarando as Suas Intenções" e "Usando o Seu Olho Mental: Visualizando o Sucesso" mais à frente neste capítulo.

Nunca estabeleça um objetivo sem fazer imediatamente alguma coisa para dar o pontapé inicial. Pense em uma coisa que você pode fazer agora mesmo, que o encaminhará em direção ao seu objetivo acadêmico — agora mesmo, coloque por escrito e se comprometa com isso aqui. Não importa o quão pequeno seja, aja agora!

Estabelecer objetivos o ajuda a se manter no caminho certo

Quando você identifica onde está agora — talvez o seu atual padrão acadêmico em uma matéria específica, e onde você quer chegar (o seu objetivo de uma nota mais alta) — você pode descobrir se está no caminho certo. Este processo é chamado de *natureza teleológica*.

Teleológico significa "design proposital", e é um processo de pensamento criativo. Assim como o piloto automático em um avião colhe o feedback de seu ambiente para ver se está no caminho certo ou não, você pode descobrir como fazer o mesmo processo mais conscientemente.

Uma boa forma de usar a sua natureza teleológica é manter um registro de todas as suas notas dos trabalhos e testes para cada matéria ao longo do ano e marcar os seus resultados em um gráfico linear. Este processo mostra se você está melhorando. Ao final do gráfico, coloque o seu resultado final ideal marcado destacadamente na data que você quer alcançá-lo. À medida que você caminha em direção ao seu objetivo e repara que está ficando para trás de onde gostaria de estar, a insatisfação (dissonância) pode fazer com que seu pensamento se acione e se autocorrija para colocá-lo de volta no caminho. Você pode se pegar inventando maneiras melhores e mais rápidas de estudar para as provas, para colocar as suas notas lá no alto.

Estabelecer objetivos estimula a sua consciência

Ter objetivos faz com que o seu cérebro saiba o que é valioso. A informação que é entendida como valiosa ajuda a ativar o processo de seleção do seu cérebro, que permite que você repare no que combina com ela. (Veja o Capítulo 2 sobre o seu cérebro e como ele aprende.)

Você experimenta o sistema de atenção do seu cérebro funcionando quando você decide que quer alguma coisa, digamos uma bicicleta nova ou um carro novo, e, de repente, começa a ver o que você quer em todos os lugares, enquanto anteriormente você não notava. O objetivo cria o valor que faz com que o item tenha significância, e seja notado pelo seu cérebro.

Da mesma forma, decidir sobre um objetivo para aumentar o seu padrão acadêmico ajuda o seu cérebro a buscar dicas no seu ambiente. Você escutará as pessoas falando como estão se preparando para as provas. Você começará a notar informações sobre estratégias que aumentam o seu desempenho em provas — tal como um panfleto no mural o convidando para uma sessão de revisão para provas, ou um anúncio sobre um seminário online — talvez até mesmo o meu em www.passingexams.co.nz!

Após decidir o que deseja, você começa a vê-lo por todos os lados!

Estabelecer objetivos motiva a sua mente

Estabelecer o objetivo de ser, fazer ou ter algo melhor tende a fazer com que as pessoas se sintam insatisfeitas com suas atuais situações.

Capítulo 4: Estratégias de Raciocínio de Alta Performance

Esta insatisfação é, na verdade, um processo importante para ajudar a ativar a sua mente para que ela trabalhe a seu favor. Porque, em princípio, os seres humanos gostam de ordem e, quando você estabelece um objetivo, você está colocando o seu sistema fora de ordem. Você está criando deliberadamente uma dissonância entre onde você está agora, e aonde você quer chegar.

A sua mente não gosta da dissonância. Ela quer resolver o problema e se esforça para restabelecer a ordem na direção das crenças gravadas mais dominantes sobre você mesmo. Se as autoimagens mais dominantes que você tenha são realmente imagens daquilo que você quer — o seu objetivo — você ficará mais motivado e encontrará maneiras criativas de atingi-lo.

Quando eu estava no meio da minha faculdade de psicologia, eu ganhei um prêmio por excelência por ter me saído bem em sociologia. A minha verdade passou de "talvez eu consiga atingir este objetivo acadêmico" para "eu sei que posso atingir este objetivo acadêmico". Descobri que eu tinha muito mais motivação e vontade. Eu desligava a televisão quando precisava estudar, enquanto anteriormente ela era sempre uma distração bem-vinda. Eu desenvolvi maneiras criativas de estudar com mais eficácia. Eu até mesmo desenvolvi um processo para planejar, escrever e memorizar redações para trabalhos e provas que eu chamava de mapas de rota discursiva (coberto no Capítulo 10). Isto era a minha mente trabalhando criativamente na direção de atingir o meu objetivo.

Escrevendo as Afirmações: Declarando as Suas Intenções

Afirmações são declarações positivas de intenção que o direcionam ao sucesso ao:

- ✔ **Ficarem deliberadamente gravadas na sua memória:** Quando você repete uma frase que define o que você quer, ela ajuda a gerar um filme mental interno de você sendo ou tendo aquilo que quer. Este filme fica gravado na sua memória.

- ✔ **Silenciarem qualquer diálogo interno negativo:** Quando a sua vida está em um estado de fluxo, ou você não está ainda familiarizado com o novo comportamento que está condicionando, escrever e declarar afirmações substitui as dúvidas, pelo diálogo positivo.

Parte I: Liberando Seu Potencial Para Passar em Provas

Antes de usar afirmações, quando me preparava para provas, eu ficava muito nervoso. Antes de entrar na prova, eu dizia aos meus amigos o quanto estava nervoso e que esperava poder lembrar de tudo que tinha preparado porque, naquele momento, minha mente havia dado um branco. Mais tarde, quando aprendi a usar as afirmações e às vezes começava a cair no velho padrão de ansiedade, eu repetia: "Eu estou lúcido, calmo e confiante. Tudo que eu preciso está vindo para mim agora.". Isto silenciava o diálogo interno negativo e me ajudava a relaxar. Como resultado, eu não tive mais problemas com o nervosismo ou com bloqueio de memória.

Quando você escrever afirmações para condicionar os seus objetivos em sua memória, você pode considerar usar algumas diretrizes. Para escrever afirmações para um objetivo, siga estes dois passos:

1. **Identifique e anote o problema ou dificuldade que você está tendo, que você acredita estar o limitando.**

   Por exemplo, a ansiedade nas provas é um problema comum e você pode escrever: "Eu fico muito nervoso durante a prova e acabo não lembrando o que estudei".

2. **Escreva o oposto desta dificuldade — o que você quer.**

   A sua resposta são as palavras que você pode usar em uma afirmação: "Eu estou lúcido, calmo e confiante durante as minhas provas".

Declarações afirmativas que você pode usar para ajudar a condicionar a sua mente a se preparar e passar nas provas com facilidade incluem:

- Eu sou bom no estudo!
- Eu amo a maneira como fico motivado para revisar antes dos testes!
- Eu me sinto lúcido, calmo e confiante antes destas provas.
- Eu retenho esta informação sem esforço!
- A minha relembrança é ótima!
- Eu estou me saindo muito bem!
- Sim, eu consegui a nota que queria!
- Toda a informação está vindo para mim agora.

Capítulo 4: Estratégias de Raciocínio de Alta Performance

Outra maneira de se escrever afirmações para seus objetivos é simplesmente imaginar como você quer que seja o seu futuro e anotá-lo. Se você sabe que está em certo nível de notas e quer aumentar seus padrões, escreva uma declaração que o coloque em um nível mais alto. Se você tem sido um aluno que tira constantemente 7 ou 8 nas provas e quer melhorar isto, comece afirmando: "Eu sou um aluno nota 10".

É importante que as palavras que você usa gerem imagens e sentimentos mentais. Se você não consegue ver ou sentir o seu objetivo como uma possibilidade real, então diminua a sua aspiração um pouquinho. Talvez afirme: "Eu sou um aluno nota 9". Quando isto se torna uma realidade, comece afirmando o próximo nível que deseja atingir.

Estes indicadores adicionais podem ajudá-lo a escrever declarações de afirmação mais efetivas:

- ✔ Como você está trabalhando para modificar a sua autoimagem como ela o descreve agora, escreva as suas afirmações na primeira pessoa, no presente: "Eu sou...", "Eu tenho..." e assim por diante.

- ✔ Faça suas declarações de afirmação positivas e direcionadas à ação. "Eu odeio não me sentir calmo quando entro em uma prova" não é uma boa afirmação. Ela cria uma imagem e um sentimento de nervosismo e não de calma. "Eu me sinto lúcido, calmo e confiante durante as provas" é uma afirmação muito melhor.

- ✔ Tente não se comparar com os outros ao escrever suas afirmações. "Eu sou tão inteligente quanto a Jenny" não é uma boa afirmação. "Eu amo a maneira com que absorvo facilmente as informações" é melhor.

- ✔ Escreva suas afirmações em pequenos cartões e carregue-os em seu bolso. Quanto mais acessíveis eles estiverem, melhor, pois você deve usá-los todos os dias.

- ✔ Use dicas visuais como lembretes para fazer suas afirmações: bilhetes na geladeira, no protetor de tela do computador, na tela do seu telefone, em pequenos adesivos colocados pela casa. Você pode também gravar suas afirmações em um gravador portátil e ouvi-las enquanto se exercita.

✔ Use as afirmações quando estiver relaxado. O seu corpo relaxa naturalmente quando você está indo dormir ou quando você acorda de manhã. Você também pode fazer um exercício próprio para relaxamento para fazer a sua mente mais impressionável. Isto diminui as suas ondas cerebrais para o estado ideal de aprendizagem, chamado de estado alfa. (Para saber mais sobre como acessar o estado de ondas cerebrais alfa, veja o Capítulo 5.)

Usando o Seu Olho Mental: Visualizando o Sucesso

Escrever declarações afirmativas e dizer as palavras envia mensagens poderosas para sua mente, mas você também precisa visualizar as imagens e sentimentos que você quer que as palavras causem. A visualização com emoção é o verdadeiro poder por trás da gravação da sua memória em direção ao sucesso. Use a sua imaginação para criar imagens vívidas e fortes emoções quando você pensa em seus objetivos. Os atletas praticam os seus esportes mentalmente com frequência; a visualização é igualmente útil na melhoria do seu desempenho em provas.

As pesquisas mostram que as técnicas de visualização são úteis pois criam padrões neurais que ajudam os astrócitos a monitorar, mapear e automatizar o seu pensamento e comportamento para ajudá-lo a atingir o seu melhor desempenho. Dois terços da atividade cerebral é a mesma, seja o seu comportamento real ou imaginário. Como você não faz testes suficientes para programar uma resposta ideal inconsciente, a visualização (o ensaio mental) é perfeitamente adequado para esta situação.

Você usa dois tipos de técnicas de visualização para se preparar para as provas:

✔ **Visualização do processo:** Com a visualização do processo, você se imagina sendo e fazendo todas as coisas que permitam que você atinja seu objetivo. Por exemplo: você se imagina sentando na sua mesa e trabalhando com suas anotações, livre de distrações e aproveitando a sua habilidade de se concentrar bem.

Capítulo 4: Estratégias de Raciocínio de Alta Performance **85**

↳ **Visualização do resultado:** A visualização do resultado é se imaginar com o resultado que você quer no dia da sua prova. Você se vê na sala de provas, se sentindo calmo e confiante, escrevendo intensamente e sorrindo, pois você sabe tudo o que precisa para responder às questões. Você pode até mesmo se ver recebendo a sua nota ideal mais à frente.

Gaste 15 minutos por dia nas semanas que antecedem as suas provas usando as visualizações para ensaiar mentalmente como você quer que seja o processo e o resultado do seu preparo.

Às vezes as pessoas dizem: "Eu não consigo visualizar. Eu não vejo imagens na minha cabeça.". A visualização não precisa ser visual no sentido literal. Se você não vê imagens claramente em sua mente, pode ser que o seu cérebro processe informações mais facilmente através dos canais de som ou sensações. Tente verbalizar o que você quer ver e sentir. Por exemplo, para a sua visualização do resultado, diga:

> "Eu me vejo na sala de provas. Meus amigos estão sentados à minha volta. Eu estou muito calmo e confiante enquanto começo a escrever rapidamente e com facilidade."

À medida que você recita o que deseja ver, tente também gerar a sensação de estar lá e de se sentir literalmente calmo e confiante.

Você precisa relaxar antes de começar a visualizar. Quando a sua mente e corpo estão relaxados, o seu cérebro é muito mais receptivo ao condicionamento que você deseja incitar através da visualização. As horas ideais para se visualizar são logo antes de dormir e ao acordar de manhã. Nestes momentos, o seu cérebro acessa naturalmente o estado ideal de aprendizagem conhecido como estado alfa (para mais sobre o estado alfa, veja o Capítulo 5).

Faça logo!

As palavras não ensinam — a experiência é que ensina, portanto faça logo! Visar atingir o seu máximo pessoal é uma mentalidade que exige esforço e tempo para se desenvolver. Estratégias de pensamento como o diálogo interno positivo, a anotação dos objetivos e o uso de visualizações são hábitos aprendidos. Após você dominar estas técnicas de aprendizagem, você pode aplicá-las a outras áreas da sua vida: seus relacionamentos, sua saúde e seu trabalho.

Às vezes pode ser difícil agir — especialmente quando a tarefa é estudar para provas, pois você associa isso com um condicionamento negativo: "É muito chato", "Eu não tenho saco" ou "Eu tenho que fazer". Experimente estas técnicas para ajudá-lo a agir:

✔ **Esclareça o seu propósito de estudar**. Qual é o seu objetivo real? Qual é o grande porquê por trás deste objetivo? Quando você tiver uma noção forte sobre o porquê de você querer fazer isto, manter-se focado se torna mais fácil — especialmente quando as coisas começam a dificultar. Criar valor em qualquer coisa que você deseja conquistar é um componente essencial para tornar o seu cérebro receptivo à aprendizagem.

✔ **Torne o seu *tenho que* em *quero***. Diga a si mesmo agora: "Eu não tenho que estudar para minhas provas". Como você se sente quando diz isso? Diga algumas vezes. Acredite; você não tem escolha. Ninguém está fazendo você fazer isto — nem os seus pais, chefes ou professores — apenas você pode decidir fazer isto ou não. Agora considere o outro lado desta decisão e suas consequências. Pense no que aconteceria se você não estudasse. Você passará ou fracassará, gastará dinheiro ou tempo? Agora que você tem uma escolha, você decidirá que não quer estas consequências? Quais são os benefícios positivos de fazer esta escolha?

As respostas para estas perguntas o ajudam a tornar o seu *tenho que* em *quero*. Pergunte-se, "eu posso estudar eficientemente para esta prova?" e então "eu estudaria melhor agora que tenho a opção?". Finalmente, pergunte-se: "Quando eu agirei?", em outras palavras, quando o agora é uma boa hora?

Parte II

Primeiro Vem o Relaxamento

Cinco Razões Pelas Quais o Relaxamento é uma Ferramenta Essencial de Estudo

- Adotar técnicas de relaxamento diminuirá as suas ondas cerebrais até o nível alfa, que é o estado mental ideal para revisão e retenção de informação.
- Alocar tempo para o relaxamento melhora o equilíbrio geral da sua vida, a saúde e o bem-estar durante a hora da prova.
- Relaxar entre sessões de estudo ajuda a reduzir a fadiga do sistema neural.
- Aprender a relaxar entre as sessões de estudo é uma estratégia instantaneamente eficiente para lidar com a ansiedade relacionada às provas.
- Permitir-se relaxar e se divertir ajuda a levantar a sua moral durante a hora da prova.

Nesta parte ...

- Acesse o seu estado ideal de aprendizagem – estado alfa – para conseguir um aprendizado ainda melhor.

- Desenvolva uma técnica de relaxamento alfa do tipo faça você mesmo.

- Explore uma variedade de técnicas de relaxamento e atividades divertidas para ajudar a manter o equilíbrio na sua vida.

- Familiarize-se com técnicas de ensaio mental para ajudar a lidar com a ansiedade em provas.

- Organize o seu tempo de estudo e reduza seus níveis de estresse.

Capítulo 5

Explorando o Poder do Relaxamento

. . . .

Neste Capítulo

▶ Entendendo a importância do relaxamento no aprendizado.

▶ Desenvolvendo sua frequência de ondas cerebrais no estado alfa.

▶ Explorando programas de desenvolvimento pessoal.

*T*alvez você esteja pensando o que o relaxamento tem a ver com o aprendizado. As técnicas de relaxamento são importantes tanto para o aprendizado quanto para o estudo por duas razões: primeiro, elas permitem que as suas ondas cerebrais desacelerem para acessar o estado alfa — a frequência elétrica que permite que seu cérebro fique mais receptivo àquilo que você percebe — e segundo, elas ajudam a reduzir o estresse mental, emocional e físico que ocorre frequentemente na época de provas.

Neste capítulo, eu exploro o papel que o relaxamento tem no aprendizado e na revisão e mostro como você pode chegar rapidamente ao estado alfa — o seu estado ideal para o aprendizado. Quando você entende o efeito que esta frequência de ondas cerebrais tem no aprendizado, você também verá o valor que ela tem para todos os tipos de desenvolvimento pessoal.

Encontrando Tempo para a Diversão

As provas podem ser bastante estressantes e a pressão que você coloca sobre si mesmo (ou que sente de seus entes queridos) para se sair bem pode, na verdade, prejudicar o seu progresso. Muitos alunos me disseram que abriram mão de todas as atividades divertidas para focarem somente nas provas. Eu mesmo fiz isso!

O problema nisso é que sem a parte divertida, você acumula estresse, pois está estudando o tempo todo e o estresse limita a aprendizagem!

Você precisa das coisas divertidas na sua vida para funcionar direito e para que permaneça relaxado e receptivo à aprendizagem.

O seu cérebro libera endorfinas (as substâncias químicas relacionadas ao bem-estar natural do seu corpo) quando você está relaxado e se divertindo. Ele também libera a substância química acetilcolina, que tem sido relacionada ao auxílio da melhoria da memória e do aprendizado. (Para mais informações sobre como o seu cérebro funciona, vá até o Capítulo 2.)

O professor de aprendizado acelerado e autor Colin Rose (os seus livros estão online em www.acceleratedlearning.com) descreve um experimento conduzido em 50 escolas americanas diferentes, desenvolvido para testar a teoria da diversão. Levando em consideração as pesquisas do cérebro sobre as respostas neuroquímicas à diversão, as escolas introduziram uma hora de humor, música e movimento a cada dia. No final do ano, os resultados mostraram um aumento de 23 por cento no desempenho acadêmico!

O relaxamento melhora o aprendizado! Não pare de se divertir e busque maneiras criativas de relaxar sempre que puder durante o período de preparação para as provas. (Para uma técnica de relaxamento básica, veja "Desenvolvendo a sua própria técnica de relaxamento alfa" mais à frente neste capítulo. Eu mostro outras maneiras de relaxar no Capítulo 6.)

Acessando o Estado Alfa (Sua Onda Ideal de Aprendizado)

Idealmente, todo aprendizado ocorre quando você está em um estado relaxado e acessando primariamente as ondas cerebrais alfa. No estado alfa — a frequência de ondas cerebrais que produz uma sensação de relaxamento em alerta — as suas ondas cerebrais diminuem para em torno de 8 a 12 hertz (Hz), e você fica pronto para receber informações. Isto ocorre porque o relaxamento ajuda o processo de seleção de informações do seu cérebro a estimular sua atenção mais livremente. (Eu abordo ondas cerebrais e outras funções do cérebro no Capítulo 2).

Se você continuar profundamente relaxado, você pode acessar o estado teta (4 a 7 Hz). Os cientistas acreditam que esta atividade

Capítulo 5: Explorando o Poder do Relaxamento

mais devagar das ondas cerebrais podem ajudá-lo a obter mais inspiração e criatividade.

Curiosamente, sempre que você se sente ansioso ou estressado, como durante uma prova, o seu cérebro libera substâncias químicas que interferem na memória e evitam que a informação seja relembrada — produzindo aquela sensação da palavra na ponta da língua que as pessoas descrevem como um *bloqueio de memória*, *câimbra cerebral* e outros termos.

No entanto, se neste momento você fizer um exercício de relaxamento que gere as ondas cerebrais alfa, a sua memória melhorá.

Desenvolvendo a sua própria técnica de relaxamento alfa

Você pode acessar intencionalmente o seu estado alfa ao usar técnicas de relaxamento. Por exemplo, antes de começar uma sessão de revisão ou estudo, feche os olhos, respire profundamente e, enquanto expira, diga a si mesmo para "relaxar..., relaxar..., relaxar". O seu pensamento influencia diretamente o seu sistema nervoso de modo que ao afirmar estas palavras, o seu corpo também relaxa. Você pode usar esta técnica simples durante uma prova, se tiver que lidar com um bloqueio de memória.

Para um roteiro completo sobre como acessar o estado alfa antes de uma sessão de estudo, vá até o Apêndice B no final deste livro. A melhor forma de se usar o roteiro do Apêndice B é gravá-lo em um equipamento de áudio e ouvi-lo frequentemente. Repare que neste roteiro você cria um movimento de disparo que o ajuda a acessar o estado alfa sempre que você ativar o movimento. Isto é chamado de âncora e é usado na programação neurolinguística (PNL), uma ciência de modificação do cérebro e do comportamento desenvolvida originalmente pelos especialistas em desenvolvimento pessoal e profissional Richard Bandler e John Grinder. Após você pegar o jeito de ancorar o seu gatilho (através da prática ou repetição), você conseguirá chegar a um estado de relaxamento em alguns segundos. Use este roteiro antes de qualquer sessão de revisão para provas.

Explorando a auto-hipnose e o ensaio mental

A *auto-hipnose* (também chamada de autossugestão) e o *ensaio mental* (a imaginação repetida de um novo comportamento) são duas maneiras pelas quais você pode recondicionar independentemente os seus pensamentos para que eles sejam mais fortalecedores. Use a seguinte técnica de ensaio mental (que também inclui auto-hipnose) para pensar e imaginar o seu desempenho ideal na prova:

1. **Comece com um desejo real de mudar uma crença limitadora que tenha sobre você mesmo e um desejo de usar esta abordagem de ensaio mental para melhorar o seu desempenho em provas.**

   Por exemplo, você pode ter um medo crônico de situações de prova que você sabe que acaba limitando o seu desempenho. Os resultados da sua prova podem não refletir o seu verdadeiro potencial acadêmico.

2. **Pense no problema percebido e nas necessidades que encontrou, e então exercite um roteiro que substitua os pensamentos negativos com sugestões positivas para implantar na sua mente.**

   Por exemplo, quando você pensa sobre estar em uma prova, veja e sinta-se sendo lúcido, calmo e confiante. Você pode dizer as palavras, "eu me sinto lúcido, calmo e confiante" e "eu me lembro facilmente de tudo que revisei".

3. **Implemente a técnica de relaxamento que o ajuda a acessar o estado alfa.**

   Olhe em "Desenvolvendo a sua própria técnica de relaxamento alfa" mais cedo neste capítulo. Recite verbalmente o processo inteiro de relaxamento.

4. **Encerre com sugestões positivas.**

   Para ajudá-lo a fazer isto, você pode usar o roteiro de ensaio mental disponível no Apêndice B.

Enganando seu cérebro para aprender

Você sabia que o seu cérebro não sabe a diferença entre o que é real e o que é imaginado? Por exemplo, se eu pedisse que você imaginasse segurar uma maçã bem vermelha na sua mão agora, você conseguiria? Você consegue ver o formato, a textura e a cor da maçã — até mesmo ter alguma noção do seu peso na sua mão? Agora imagine-se mordendo a maçã. Qual é a sua reação? Você sentiu um aumento de saliva na sua boca?

Este pequeno exercício mostra o quão bem a sua mente e corpo estão integrados. Quando você pensa em alguma coisa, mesmo que não seja real, você sente uma resposta fisiológica em seu corpo.

Então, como usar esta ideia para ajudá-lo na aprendizagem? Você pode usar a sua imaginação para enganar o seu cérebro de modo a se tornar mais receptivo ao aprendizado.

Lembre-se: o valor e o relaxamento ajudam a fazer com que o processo de seleção de informação do seu cérebro fique mais receptivo. Para criar valor, imagine que você tenha acabado de encerrar uma sessão de revisão. Pergunte-se: quais benefícios você obtém em aprender e estudar? Quanto mais você puder imaginar os benefícios que receberá (como se você os tivesse agora), mais o seu cérebro se tornará receptivo ao aprendizado.

Para melhorar o relaxamento, simplesmente imagine-se no lugar mais relaxante que você já encontrou — uma praia, montanha ou algum lugar que signifique muito para você. À medida que você se vê neste lugar relaxante, tente sentir-se realmente lá, realmente relaxando. Respire neste cenário. O seu cérebro, sem saber a diferença entre o que é real e o que é imaginado, enviará o sinal para o seu corpo relaxar.

Grave o processo e escute várias vezes. Na medida em que escuta o áudio, as novas sugestões são gravadas na sua memória. Escrever afirmações e visualizar o sucesso são outras formas de condicionar a sua memória. (Para algumas dicas sobre isso, dê uma olhada no Capítulo 4.)

Os pesquisadores descobriram que os estudantes que usam o ensaio mental como técnica de preparação para provas têm um melhor desempenho nas provas do que aqueles que não o usam. O ensaio mental também é uma forma de abordagem de preparo usada nos programas motivacionais profissionais, sobre o qual eu falarei mais na próxima seção.

Usando Programas de Desenvolvimento Pessoal

Os serviços e programas profissionais que focam em modificações comportamentais positivas oferecem enormes benefícios para os estudantes. Alguns se especializam em melhorar as suas habilidades de aprendizado e técnicas de estudo.

Alguns recursos que você pode se interessar incluem:

- ✔ **O condicionamento neuro associativo:** Anthony Robbins, um bem respeitado escritor internacional, professor e treinador em desenvolvimento pessoal, usa o condicionamento neuro associativo nos seus programas de autodesenvolvimento, Personal Power e Get the Edge. O *condicionamento neuro associativo* envolve o recondicionamento dos padrões de pensamentos que você programou no seu cérebro para que o seu pensamento e, consequentemente, o seu comportamento, possam melhorar. A técnica envolve entrar no estado alfa e identificar as crenças limitadoras, assim interrompendo os antigos padrões de pensamento e condicionando-os repetidamente a se tornarem mais positivos. Você pode encontrar mais informações sobre as técnicas de Robbins no site www.anthonyrobbins.com.

- ✔ **CDs de áudio paraliminal[1]:** Estas gravações especiais baseadas na tecnologia passam por cima da sua mente consciente para implantar uma mensagem positiva na sua memória. Nos Estados Unidos, a Learning Strategies Corporation (www.learningstrategies.com) produz uma série de recursos que podem ajudá-lo a condicionar a sua mente e corpo em estados mais úteis. Desde parar de fumar até a leitura rápida, esses recursos visam desenvolver a sua eficiência pessoal e profissional.

---

[1] N.E. Numa gravação de áudio paraliminal, o ouvinte em estado de relaxamento recebe duas mensagens separadas, uma em cada ouvido, mas está além da habilidade da mente consciente processar ambas as mensagens simultaneamente por mais do que alguns momentos. O resultado é uma comunicação em múltiplos níveis, para os diferentes hemisférios do cérebro. O ouvinte tende a alternar a atenção entre os dois canais de áudio, e, em consequência, a mente consciente experimenta a audição de uma forma diferente cada vez que ouve uma sessão.

Capítulo 5: Explorando o Poder do Relaxamento

✔ **Hipnose:** Um terapeuta treinado em hipnose pode condicioná-lo ao implantar ideias positivas na sua memória enquanto você está em um estado de relaxamento. Isto pode ajudá-lo a, literalmente, desativar as suas crenças limitadoras que afetam o seu aprendizado ou o seu preparo para as provas, para que você possa reagir e responder de forma mais eficiente.

Para encontrar um hipnoterapeuta treinado na sua área, procure na internet pela sua associação nacional de hipnoterapeutas e cheque seu registro nacional.

Eu acredito que os estudantes utilizam pouco os serviços e programas profissionais. Se você está tendo dificuldades em aprender ou se preparar para provas ou quer utilizar os métodos que eu ofereço neste livro, busque ajuda exterior de um hipnoterapeuta treinado ou de um psicólogo educacional. Você também pode entrar em contato comigo através do meu site em **www.passingexams.co.nz, em que** eu ofereço treinamento através do Skype.

Capítulo 6

Encontrando Maneiras de Relaxar

. . . .

Neste Capítulo

▶ Entendendo o que o exercício pode fazer por você

▶ Relaxando através da música

▶ Técnicas de alongamento e de respiração

▶ Lidando com as suas emoções

▶ Arrumando tempo para estudar e brincar

▶ Mantendo sua vida em equilíbrio

. . . .

*F*eche os olhos, respire fundo e relaxe. Isso soa bem para você? Com que frequência você se permite relaxar conscientemente — descansar intencionalmente? Provavelmente, não com frequência suficiente.

Manter o equilíbrio entre fazer e ser, ou entre atividade e descanso, é a chave para uma vida feliz e bem-sucedida, e ainda assim muitas pessoas, inclusive eu algumas vezes, passam a maior parte do seu tempo fazendo e muito pouco tempo apenas sendo.

O relaxamento é fundamental no aprendizado porque ele ajuda o seu cérebro a prestar atenção na informação que você recebe através de seus sentidos. Acredita-se também que o relaxamento melhora a comunicação neural e dos astrócitos em resposta ao tipo de neurotransmissores sendo produzidos. (O Capítulo 5 explica a importância do relaxamento.)

Neste capítulo, eu sugiro uma série de exercícios de relaxamento que você pode incorporar — não só durante a época de provas, mas a qualquer momento — para ajudá-lo a manter a sua vida em equilíbrio. Estes exercícios permitem que você relaxe através do alongamento, da respiração, da meditação, de passeios na natureza, aulas de ginástica, através de uma melhor administração do tempo e da manutenção de uma vida mais completa.

Exercitando-se para o Relaxamento

Você já pensou porque você relaxa automaticamente ao sair para caminhar na natureza? Cientificamente falando, a Terra possui uma frequência eletromagnética por volta de 7.8 hertz, que também é o espectro mais baixo da frequência do estado alfa nos humanos, o estado ideal para o estudo. Portanto, como um diapasão que se iguala à vibração de outro diapasão, o seu cérebro, quando levado para passear na natureza, diminui a sua frequência da faixa beta (que pode causar tensão no corpo) para o estado alfa, e se harmoniza com o cenário natural no qual você se encontra. (Eu falo sobre os estados alfa e beta no Capítulo 5.)

Por exemplo, se você passa horas na frente da tela do computador sem uma pausa, você provavelmente se sentirá agitado. Seu computador emite uma frequência na parte superior da faixa beta. Seu cérebro se harmoniza com esta frequência, e o alto nível de vibração mental prolongada causa tensão no seu corpo e mente.

Considerando isto, quando é necessário que você passe muitas horas na frente de uma tela de computador ou em um ambiente high-tech, certifique-se de fazer vários intervalos e caminhadas na natureza.

De forma parecida, exercitar-se mais frequentemente na época de provas é uma boa maneira de se livrar do estresse indesejado. Correr, caminhar, pedalar, nadar e muitos outros esportes são ótimas maneiras de manter o seu corpo e mente em equilíbrio.

Equilibrar o período de estudo com o período de relaxamento é muito importante perto da época de provas. Sem o relaxamento, o seu corpo e sua mente se tornam tensos, e a tensão não é propícia para o bom aprendizado ou para a revisão. Quando as provas estão se aproximando, períodos frequentes de relaxamento mantêm o corpo e a mente em equilíbrio, e sua motivação, concentração e interesse intactos.

Explorando o Som e a Música

A música pode ser uma auxiliar poderosa no processo de relaxamento. Se utilizada corretamente, você pode usar a música para ajudá-lo a acessar o seu estado alfa sem muito esforço.

Muitas técnicas de aprendizado acelerado oferecem música clássica (geralmente a barroca de Bach, Handel ou Vivaldi) como fundo musical para a revisão de provas. Elas sugerem que o seu cérebro irá se igualar ao ritmo da música, diminuindo as suas ondas cerebrais, e liberando *endorfinas* (as substâncias químicas do prazer), relaxando o seu corpo para um aprendizado mais receptivo.

Tente usar a música como uma ferramenta de relaxamento na próxima vez em que for sentar para estudar:

- **Musica clássica barroca suave:** Tenha em mente que não é importante gostar deste tipo de música (mas também não escute se descobrir que esta música o irrita). Simplesmente pense na música como uma ferramenta para ajudá-lo a melhorar a sua habilidade de receber informações enquanto você estuda o material de revisão para a prova.

- **Música meditativa:** A harpa clássica, os sons da natureza ou cânticos estão todos disponíveis para ajudar a aumentar o relaxamento.

- **Música high-tech, induzidora de alfa:** A trilha sonora holosynch, produzida pelo Centerpointe Research Institute, nos Estados Unidos (www.centerpointe.com), é um exemplo. Ela soa como um zumbido repetitivo, mas, na verdade, está ativando o sincronismo cerebral, um conceito que eu exponho no Capítulo 2.

Você pode fazer o download de músicas de relaxamento grátis no meu site em www.passingexams.co.nz.

As duas maneiras em que você pode usar a música relaxante para ajudá-lo a estudar são:

- **Concertos ativos:** Alguém recita verbalmente as anotações de revisão ao mesmo tempo da música (isto pode ser gravado). Você escuta as palavras enquanto a música aumenta a sua receptividade.

- **Concertos passivos:** Você grava as suas anotações de revisão com música tocando suavemente no fundo. Você escuta a música enquanto absorve as anotações faladas de revisão subconscientemente.

Outra possibilidade é você tocar qualquer música relaxante como fundo enquanto estuda. Entretanto, a sua música contemporânea favorita não é ideal, pois pode prender a sua atenção ao ritmo, batidas e letras e mantê-lo longe da revisão. No entanto, se a sua música favorita é tão familiar que você já não presta nenhuma atenção nela — e ela não te instiga a cantar junto — então ouvi-la não causaria problemas.

O seu cérebro não consegue conscientemente prestar atenção a duas coisas ao mesmo tempo. Se você está ouvindo música e cantando junto ou prestando atenção na letra, qualquer esforço de estudo será uma perda de tempo. Qualquer música que você tocar não deve ser do tipo que prenda a sua atenção.

O movimento livre ao som de música é outro exercício maravilhoso de relaxamento. Coloque uma música que seja adequada para o clima em que você está no momento. Feche os olhos e deixe o seu corpo se mover com a música — mas não conforme a música. Em outras palavras, o seu corpo sabe como ele quer se mexer e isto pode não ser no ritmo ou na batida da música. Deixe a sua alma se expressar. Você pode estar deitado, simplesmente movendo uma mão, ou fazendo qualquer movimento que pareça natural naquele momento.

Alongando e Respirando

O sistema nervoso humano contém duas partes que possuem papéis distintos:

- **Sistema nervoso simpático:** Responsável por ativar a sua mente e corpo para responderem às exigências do ambiente em que você está. Se o ambiente for muito exigente física e mentalmente por um longo período de tempo, você começa a acumular tensão.

- **Sistema nervoso parassimpático:** Desenvolvido para trazê-lo de volta para a homeostase — um estado de estabilidade ou equilíbrio.

Capítulo 6: Encontrando Maneiras de Relaxar *101*

O problema é que, se você acumula muita tensão em seu corpo por um longo período de tempo, ela se incorpora aos seus músculos e tendões. Você pode achar que está se sentindo relaxado, mas, na verdade, ainda está com muita tensão que não percebe. Ao praticar exercícios de alongamento e respiração você consegue aliviar esta tensão acumulada no seu corpo.

Você pode usar imediatamente uma série de exercícios de relaxamento, para ajudá-lo a relaxar durante o dia.

Eu amo exercícios que ajudam a invocar um estado relaxado ou que expandam as minhas capacidades, e você pode usar uma variedade de técnicas para experimentar um atalho para o relaxamento e a concentração:

- **Relaxamento:** Um exercício simples é colocar as palmas das suas mãos nos olhos para que fique escuro. Isto engana o cérebro fazendo-o pensar que já é noite e dá o sinal de que é hora de dormir. Agora repita para si uma afirmação relaxante, por exemplo, "paz... paz... paz...". Lembre-se de respirar profundamente e sentir o seu corpo relaxar.

- **Concentração:** Este exercício o ajuda a perceber quanto tempo você gasta pensando em coisas que nem percebe. Olhe o ponteiro dos segundos no seu relógio. Concentre-se apenas nos segundos e veja quanto tempo você consegue ficar sem que sua mente pense em outra coisa. Usar este exercício para melhorar a duração de sua atenção é útil, pois pesquisadores acreditam que uma boa atenção, assim como o relaxamento, é importante no aprendizado e no preparo para as provas.

As seções seguintes oferecem alguns exemplos práticos fáceis de aprender. Você também pode pensar em alternativas mais estruturadas, como as aulas de yoga ou de tai chi.

A técnica de relaxamento rápido

Sente-se em uma posição confortável, com as suas mãos no seu colo, juntando-as viradas para cima e levemente curvadas como se fosse um recipiente. Feche os olhos e gire-os para cima — imagine que esteja olhando para o centro da sua testa (esta é a posição em que os seus olhos ficam quando você está dormindo, e fazer isso faz o seu cérebro pensar que está na hora de relaxar para dormir). Fique nessa posição durante todo o exercício.

Respire profundamente pela barriga sem expandir o seu peito. Inspire pelo nariz e suavemente expire pela boca. Sinta o seu peso na cadeira; preste atenção por um momento em qualquer tensão ou dor no corpo. Deixe-as se soltarem enquanto expira.

Agora visualize a recordação de um momento na sua vida em que você se sentiu incrivelmente relaxado. Uma ocasião de férias, talvez. Se você não consegue lembrar de uma recordação relaxante, imagine o momento mais relaxante que possa pensar. Talvez você esteja sentado em uma piscina natural aquecida? Tente trazer o máximo possível de detalhes. Enquanto visualiza esta cena, comece a se afirmar: "relaxe... relaxe... relaxe" várias vezes, devagar e profundamente. Sinta o seu corpo ficando mais e mais relaxado na medida em que passa pelo processo.

Devido ao elo entre o corpo e a mente, na medida em que você relaxa o seu corpo, as suas ondas cerebrais também começam a desacelerar. É isto que você quer para entrar na sua mente subconsciente. Após alguns minutos, você deve alcançar um nível razoável de relaxamento. Agora retorne para a sala ao contar de um a cinco e abrindo os olhos devagar.

Você pode alcançar este nível de relaxamento novamente ao simplesmente se sentar em uma posição confortável, juntando as mãos, respirando profundamente, imaginando a sua situação de relaxamento e afirmando para si as palavras: "Relaxe... relaxe... relaxe". Quanto mais você fizer isso, mais fácil e rapidamente você encontrará este espaço no futuro.

Pratique esta técnica de relaxamento de cinco a dez minutos por dia por pelo menos 30 dias. Isto ajuda a fazer com que esta técnica se torne habitual e torne-se parte da sua vida.

A respiração consciente

Você já reparou que, quando está se concentrando, se sentindo nervoso ou com medo, você respira de uma forma mais curta? A respiração consciente é uma ferramenta importantíssima para ajudar a reduzir essas situações estressantes.

Um bom exercício de respiração é registrar a duração enquanto inspira e expira. Preste atenção no ritmo e fluxo da sua respiração. Onde o ar preenche primeiro — o seu peito ou a região da barriga? Qual é o intervalo entre as respirações? É maior na inspiração ou na expiração?

Quando você está em uma situação estressante, respire profundamente várias vezes. Tente expirar por mais tempo do que você inspirou. Conte — até quatro segundos na inspiração e até 8 segundos na expiração (ou qualquer contagem que use a proporção um para dois). Libere a tensão e as emoções que está sentindo com cada expiração. Faça alguns movimentos e barulhos também, se sentir que seja adequado.

Equilíbrio corporal

Às vezes, praticar alguns exercícios de consciência corporal pode ajudá-lo a relaxar.

Quanto tempo você consegue manter o seu corpo parado? Deite de barriga para cima com seus braços e pernas um pouco afastados. Feche os olhos, respire profundamente e imagine o seu corpo inteiro relaxando. Percorra através do seu olho mental todas as partes do seu corpo, desde os seus pés até a cabeça, relaxando cada parte enquanto percorre.

Quando se sentir o mais relaxado possível, continue deitado e parado o máximo que puder, por, pelo menos, três minutos. Se o seu corpo começar a ficar tenso ou inquieto, pare o exercício e tente mais tarde.

O alongamento matinal de cinco minutos

Com que frequência você se alonga e respira conscientemente ao se levantar pela manhã? Ao acordar o seu corpo desta forma, você se sentirá mais lúcido e mais alerta, pronto para encarar o dia.

Tente os seguintes exercícios:

1. **Sente-se no chão com suas pernas esticadas à sua frente. Respire profundamente algumas vezes, até lá embaixo no seu estômago.**

    Coloque a sua consciência na respiração durante o exercício, para ajudá-lo a manter-se focado no momento presente.

Parte II: Primeiro Vem o Relaxamento

2. **Mova os seus tornozelos, alongando-os para frente e para trás. Mexa os joelhos para cima e para baixo.**

3. **Mexa os seus ombros para cima e para baixo, e então mexa os braços soltos para lá e para cá.**

4. **Rode as suas juntas dos punhos. Eleve os braços acima da cabeça e cruze as mãos.**

   Sinta o alongamento nos seus ombros.

5. **Mexa a sua cabeça de um lado para o outro, e então para cima e para baixo, alongando o seu pescoço.**

6. **Esfregue o seu rosto e seu couro cabeludo com as mãos.**

7. **Abra os olhos bem abertos e mova-os de um lado para o outro, e depois para cima e para baixo.**

8. **Mexa os seus músculos da mandíbula.**

   Tente fazer algum barulho ao fazer isto.

9. **Traga o seu pé esquerdo em direção à sua pélvis e incline-se para frente por cima da sua perna direita.**

   Segure o alongamento por 15 segundos. E, em seguida, faça o mesmo do outro lado.

10. **Afaste as suas pernas o máximo que puder e então incline-se para frente, alongando a parte interna das suas coxas.**

11. **Retorne as pernas para sua frente e incline-se para frente sobre elas, alongando gentilmente a sua lombar.**

12. **Traga a sua perna direita para o alto dobrando o joelho e coloque o seu pé direito por cima do joelho da sua perna esquerda. Gire o seu torso para a direita, alongando ao colocar o braço esquerdo na parte externa do seu joelho direito.**

    Faça o mesmo com a sua outra perna, girando para a esquerda.

13. **Agora solte, relaxe e vire-se, deitando de bruços.**

14. **Curve as suas costas ao levantar o seu torso com seus braços.**

15. **Agora alongue as suas costas para o outro lado ao levantar o seu bumbum e ficar em uma posição de V invertido sobre suas mãos e pés.**

    Esta posição é chamada de cachorro olhando para baixo na yoga. Sinta o alongamento nas suas panturrilhas.

Deixe a sua cabeça ficar solta entre seus ombros. Respire profundamente, desça, relaxe e então repita três vezes.

16. Você acabou o alongamento. Sente-se ajoelhado em cima dos calcanhares por alguns instantes, respirando profundamente novamente e se conscientizando de seu corpo.

Você também pode praticar os exercícios de alongamento e respiração quando não estiver em casa. Encontre um momento na escola ou no trabalho para balançar os braços e pernas ou alongar o seu pescoço e costas. Você pode fazer estes exercícios simples mesmo estando sentado em uma mesa ou no carro (desde que o veículo esteja parado, se você for o motorista). Tente ficar mais em sincronia com o seu corpo e com o que ele necessita. O seu corpo pode lhe dizer o que ele precisa — se você encontrar tempo e estiver tranquilo o suficiente para conseguir ouvir.

Meditação

Algumas pessoas acreditam que a meditação envolve passar horas e horas sentado em uma séria contemplação ou entoando "om" como uma espécie de guru numa montanha na Índia. Mas as pessoas praticam a meditação ao simplesmente caminhar pelo campo. Qualquer momento em silêncio que liberta a sua mente de pensamentos e preocupações pode ser classificado como meditação.

Mesmo que apenas por alguns minutos, tente afastar seus pensamentos e trazer a sua mente para um estado de descanso. Ficar focado completamente no momento presente acalma a sua mente e traz uma tranquilidade que também ajuda a aliviar o estresse.

As aulas de meditação que podem ajudá-lo a relaxar estão presentes na maioria das comunidades. Para saber sobre aulas de meditação na sua região, visite a biblioteca local, centros de medicina alternativa, lojas de produtos naturais, centros comunitários ou academias locais.

Liberando Emoções Indesejadas

As emoções reprimidas e indesejadas podem inibir a sua habilidade de relaxar. O Método Sedona (www.sedona.com) é um sistema de desenvolvimento pessoal que o ajuda a lidar com as suas emoções. Ele envolve fazer a si mesmo algumas perguntas essenciais para ajudá-lo a liberá-las.

Parte II: Primeiro Vem o Relaxamento

Uma maneira de aplicar este método é imaginar que alguém o deixou realmente furioso. Apesar de odiar se sentir assim, você simplesmente não conseguiu evitar. Você pode aliviar a sua raiva seguindo os seguintes passos:

1. **Pergunte-se: Eu poderia deixar essa raiva passar? Repare em como se sente.**

   A sua mente faz uma análise rápida entre custo e benefício e, em algum momento, você é capaz de tomar uma decisão de que você poderia liberar este sentimento.

2. **Pergunte-se: Eu deixaria esta raiva passar? Repare em como se sente.**

   A pergunta leva o seu pensamento para um outro nível. O seu cérebro verifica os seus valores, crenças e atitudes, faz uma outra análise de custo-benefício e decide o que fazer. Neste momento é provável que você pense que está desejando deixar este sentimento sair de você.

3. **Agora pergunte-se: Quando?**

   Você muito provavelmente descobrirá que "agora" é a resposta.

4. **Feche os olhos, respire fundo e decida, declarando para si mesmo: "Eu deixo esta raiva passar agora."**

   Isto é só o que é necessário!

Outra abordagem que você pode tentar para se livrar de emoções indesejadas é simplesmente adotar uma atitude de que você não tem sentimentos bons ou ruins — apenas sentimentos.

Dê a você mesmo a permissão. Permita-se sentir aqueles sentimentos "ruins". O seu corpo e mente são bons em se agarrarem às emoções negativas, especialmente se você não deixar que elas aflorem. A melhor maneira de lidar com elas é aceitá-las e dizer a si mesmo que está tudo realmente bem em se sentir assim. Repita esta declaração uma série de vezes: "Não tem problema algum em me sentir assim; está realmente tudo bem em me sentir desta forma; não há problema algum e está tudo bem em me sentir desta maneira.".

O que acontece em seguida é que ao permitir que os sentimentos passem pela sua mente e corpo, e não os bloqueando, os sentimentos opostos começam a emergir. Os sentimentos funcionam através de um paradoxo singular. O que você resiste, persiste!

O luxo das sessões de relaxamento profissionais

Dê-se ao luxo de fazer sessões regulares de relaxamento. Por exemplo, massagens terapêuticas ou a aromaterapia podem fazer muito para aumentar a sua autoestima, autoconfiança e visão geral da vida. Como o seu corpo e mente são tão integrados, certificar-se de que seu corpo está relaxado também tem um efeito positivo em seus pensamentos.

Malabarismo

Compre umas bolas de malabarismo e aprenda por si mesmo este hobby prazeroso (eu lhe digo como no Capítulo 2). O processo do malabarismo desenvolve a coordenação mãos/olhos, assim como a coordenação corpo/mente. Ao ficar focado inteiramente desta forma prazerosa, você libera a sua mente de pensamentos estressantes ou preocupantes.

Administrando o Tempo

O tempo pode ser um grande problema no que se trata de manter a sua vida em equilíbrio. Muito estresse deriva da sensação de não se ter tempo suficiente. Apesar de o relaxamento ser importante na hora da revisão para a prova, eu imagino que ele não esteja no topo da sua lista de prioridades, a não ser que as outras coisas que você precisa fazer sejam resolvidas primeiro.

Administrar o seu tempo é mais sobre como administrar a sua vida. Se você não tem o seu tempo organizado, a sua vida ficará cheia de pressões.

Faça uma lista de todas as coisas que você tem que fazer diariamente, ou semanalmente, e então desenhe um gráfico parecido com o da Figura 6-1. Classifique cada tarefa em uma das quatro categorias: Urgente, Não Urgente, Importante e Não Importante.

Certifique-se de classificar o estudo para as provas e o intervalo nos estudos nos quadrantes Importante e Urgente. Escolha uma atividade das opções de relaxamento que eu falei mais cedo neste capítulo e adicione-a ao gráfico.

Este método de priorizar as suas tarefas é muito útil na administração do seu tempo e da sua vida. Ele pode ajudá-lo a quebrar o hábito de passar muito tempo em atividades que caem sob os quadrantes Não-Urgente e Não-Importante.

	Urgente	Não Urgente
Importante	Revisão de história	Passear com o cachorro no parque
Não Importante		

Figura 6-1: Estabelecendo a sua lista de tarefas para priorizar o que é importante e o que é urgente.

Após estabelecer o que é importante para você e priorizar suas tarefas, não se esqueça de eliminar todas as atividades desnecessárias que você está fazendo no período antes das provas.

Outra estratégia de administração de tempo é passar um dia ou dois mantendo um registro de como você gasta o seu tempo. Você pode se surpreender com o quanto tempo você gasta fazendo atividades desnecessárias. Em seguida, crie um gráfico parecido com a Figura 6-2, e liste as atividades onde você perde tempo na coluna da esquerda, e então coloque maneiras de eliminá-las na coluna da direita.

Perda de tempo	Estratégia para resolver

Figura 6-2: Determinando como você gasta o seu tempo.

O ponto principal é agir para reduzir ou eliminar as interrupções que o distraíam, impedindo que o seu tempo de estudo seja produtivo.

Para mais informações sobre como eliminar as distrações, vá até o Capítulo 3.

Planejar como você passará o seu tempo de revisão também é útil. As pesquisas mostram que mais tempo gasto no planejamento realmente poupa mais tempo quando você faz a atividade.

No Apêndice A, eu forneço cronogramas diários e semanais que você pode copiar. Use-os para planejar o que e quando você fará — mas apenas depois de priorizar as tarefas primeiro, usando o esquema demonstrado na Figura 6-1.

Separar um tempo para o relaxamento antes da hora da prova é muito importante. O relaxamento mantém o seu corpo e mente em equilíbrio e o equilíbrio garante uma revisão produtiva e uma vida produtiva.

Enriquecendo a Sua Vida

Dar a si mesmo bastante tempo para a diversão e o prazer é a chave para o relaxamento. Se faça estas perguntas:

- ✔ Quanta alegria eu tenho na minha vida?
- ✔ Eu tenho equilíbrio na minha vida, ou estou passando todo o meu tempo estudando?
- ✔ Eu preciso encontrar novas maneiras de me animar e me entreter?
- ✔ O que eu fazia para me divertir quando criança? Soltar pipas ou ir para um jogo de futebol? Eu gostaria de fazer estas coisas de novo — para libertar a criança que mora em mim?

Você pode começar um curso à noite ou descobrir um novo hobby — apenas por diversão — uma boa maneira de conhecer pessoas novas e interessantes. Dê-se ao luxo de fazer sessões de relaxamento regularmente. Saia e visite parques e o interior com mais frequência, e encontre mais maneiras de apreciar o que está à sua volta. Adquira um animal de estimação — um cachorro ou um gato podem despertar o seu lado brincalhão. Convide seus amigos para virem à sua casa com mais frequência ou saia para dançar. Se você parar para pensar, encontrará muitas maneiras de enriquecer a sua vida.

110 Parte II: Primeiro Vem o Relaxamento

Parte III

Revisando e Reescrevendo Suas Anotações

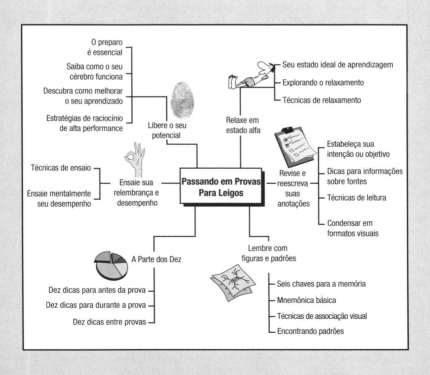

Nesta parte ...

- Pratique estabelecer intenções acadêmicas para direcionar e desenvolver as suas habilidades de estudo.

- Aprenda como pesquisar e selecionar as informações mais importantes necessárias para você se preparar para sua prova.

- Entenda as diferentes técnicas de revisão e de leitura e como usá-las da melhor forma.

- Descubra como preparar anotações eficazes adequadas para praticar a sua retenção da memória e sua habilidade de relembrança.

- Use os mapas de rota discursiva para preparar o conteúdo de uma redação para um trabalho ou para provas.

Capítulo 7

Conhecendo o Seu Propósito Acadêmico

Neste Capítulo

▶ Explorando o poder da intenção

▶ Estabelecendo intenções para as sessões de revisão

▶ Usando as intenções de longo prazo

*V*ocê sabe qual é o seu propósito de vida neste momento? Esta é uma das questões mais profundas que você pode se fazer. Se você sabe o que te interessa, o que te anima e pelo que tem paixão, e que te impulsiona para frente diante das adversidades, você já tem algumas pistas para descobrir o seu propósito.

Saber o seu propósito pode ser uma declaração pessoal cuidadosamente pensada, uma visão da sua vida ideal ou uma forte sensação interior do porquê você está aqui. Qualquer coisa que forma o seu propósito também se torna parte de você; é o fator central *porquê* na sua vida e pode ajudá-lo a tomar decisões cotidianas, guiando-o delicadamente em direção à conquista de seus objetivos.

Assim como o seu propósito de vida pode lhe guiar, o propósito acadêmico pode ajudá-lo a passar nas provas. Neste capítulo, eu descrevo a importância de ser claro em relação ao seu propósito acadêmico e demonstro como você pode estabelecer intenções para direcionar e desenvolver todos os aspectos de seus estudos.

A ênfase neste capítulo é mostrá-lo como focar a sua intenção naquilo que você quer conquistar tanto a longo quanto a curto prazo. Quando você entender exatamente como a intenção funciona, você poderá começar a usá-la conscientemente.

Parte III: Revisando e Reescrevendo Suas Anotações

Desenvolvendo o Poder da Intenção

Se você alguma vez já explorou o mundo da física quântica, você sabe que tudo é energia. Olhe à sua volta agora. O que você vê? Um piso, paredes, teto, mesas, cadeiras, pessoas, plantas, animais, vidros... Todos aparentemente sólidos, porém compostos de átomos e moléculas (elétrons, partículas subatômicas, partículas subatômicas inferiores, espaço vazio) vibrando em velocidades e frequências diferentes de energia.

À medida que os cientistas exploram a realidade no nível quântico, mais e mais evidências têm surgido de que toda vida é conectada por um campo energético invisível, e este campo é influenciado pelos seus pensamentos claros e direcionados — as suas *intenções*.

Os seres humanos podem sintonizar e ligar esta energia universal através do poder de suas intenções conscientes. Os seus pensamentos criam literalmente a sua realidade, e se você aceitar isto, então seu potencial para coisas maiores e melhores na vida pode ser governado pelas suas intenções deliberadas.

Para começar a explorar as suas intenções, considere estes pontos para ajudá-lo a chegar às suas intenções sobre:

- ✔ **O que quer aprender:** Você consegue escrever em um papel quais são os objetivos de curto e longo prazo que você quer alcançar?

- ✔ **Cada prova que fará:** Qual resultado você quer para cada uma? Você está certo de seus objetivos aqui?

- ✔ **A sua preparação desta semana para a prova:** Você já organizou um cronograma de estudo?

- ✔ **A sua próxima sessão de revisão:** Você sabe exatamente qual material quer cobrir na sua próxima hora de estudo?

Esta lista oferece maneiras de usar a intenção deliberada para ajudá-lo a planejar suas experiências futuras. Ao longo do resto deste capítulo, eu falo sobre maneiras com que você pode aplicar a sua intenção e influenciar as suas sessões de estudo.

Seja a longo prazo ou a um prazo bem curto (digamos, dentro da próxima hora) ao usar a sua imaginação para ativar o poder da intenção consciente, você pode colocar em movimento o campo

Capítulo 7: Conhecendo o Seu Propósito Acadêmico **115**

unificado de energia que influencia a sua realidade e realiza aquilo que você deseja.

Estabelecendo a Sua Intenção Para Cada Sessão de Estudo

Imagine isto: você está sentado na sua mesa, pronto para revisar um monte de informações. Os seus livros e pastas estão empilhados à sua volta e você olha para eles com uma sensação pesada, pensando, "por onde eu começo?"

De muitas maneiras, esta é uma boa pergunta a se fazer pois, ao fazê-la, você coloca a sua mente para buscar uma resposta.

Aqui está o que você deve fazer: diga a si mesmo firmemente o propósito da sua sessão de estudo. Por exemplo, "Nos próximos 50 minutos, eu quero ler as minhas anotações de Inglês sobre aquele romance que estudei mês passado, e reter todas as informações que precisarei para escrever uma redação na prova sobre caracterização."

Você precisa ser específico na sua intenção para obter o resultado desejado. Nas próximas seções, eu lhe mostro como.

Focando no que deseja

Tente estabelecer a sua intenção definindo claramente o propósito da sua próxima sessão de revisão. Quando você afirma a sua intenção firmemente, focando especificamente no que quer conquistar, duas coisas acontecem psicologicamente:

- ✔ **Você presta atenção:** Você abre a sua consciência para a tarefa à sua frente. Você está dizendo ao seu cérebro que preste atenção na informação que está alinhada com a sua intenção, e descarte informações que não sejam importantes (para descobrir como isto acontece, veja "Dizendo ao seu cérebro o que deve entrar", na seção seguinte). Se você gastar um tempo para estabelecer a sua intenção antes de uma sessão de estudo, você pode poupar horas de estudo perdidas, gastas sem objetivo nenhum olhando suas anotações em uma completa bagunça.

- ✔ **Você evita a tensão:** Você coloca a ideia — o que quer conquistar — fortemente em sua mente. Isto ajuda a estimular a energia e a motivação para completar a tarefa, e reduz o estresse.

> **Relaxado e pronto para aprender**
>
> Você pode deliberadamente invocar um estado livre de tensão ao relaxar através de uma técnica de respiração (dê uma olhada nos Capítulos 5 e 6). Associado a uma intenção estabelecida, isto permite que você se coloque em um estado de prontidão para revisar os materiais.
>
> Use uma afirmação enquanto respira. Por exemplo, diga: "Eu estabeleço a minha intenção, foco a minha atenção e relaxo. Eu estou pronto para estudar!" Isto pode ajudá-lo a pegar o hábito de usar a sua intenção antes de qualquer sessão de revisão.

Quando a sua intenção é forte, você se sente mais entusiasmado, confiante e capaz de completar a tarefa com facilidade. A sua concentração e o seu foco se ajustam e, com muito pouca tensão, você percebe que já se passou uma hora no que parecia ser apenas alguns minutos. Você pegou o ritmo.

Dizendo ao seu cérebro o que deve entrar

No Capítulo 5, eu discuto o uso das técnicas de relaxamento antes de se iniciar uma sessão de estudo. Há duas razões para isto:

- ✔ Para ajudar o seu cérebro a se tornar mais receptivo à informação que você vai estudar (para mais informações sobre como o processo de seleção de informação do seu cérebro funciona, veja os Capítulos 2 e 5).

- ✔ Para ajudar a acalmar o seu sistema nervoso durante a pressão da hora da prova.

Portanto, você precisa certificar-se de que está relaxado primeiro (veja a minha dica na caixa "Relaxado e pronto para aprender") antes de aplicar a sua intenção.

Estabelecer a sua intenção para uma sessão de revisão diz ao seu cérebro em quais informações ele deve focar, e ativa a sua atenção para permitir que somente a informação que tenha significância entre agora. Se a informação não tem valor (não está alinhada com a sua intenção), ela não entrará no seu cérebro racional para ser processada.

Capítulo 7: Conhecendo o Seu Propósito Acadêmico

Algumas intenções de curto prazo que você pode aplicar a uma sessão de estudo de 50 minutos incluem:

- ✔ Eu quero revisar os Capítulos 14-17 no meu livro de Psicologia e retornar todas as informações essenciais que preciso para responder às perguntas curtas da minha próxima prova.

- ✔ Eu quero praticar as questões de revisão de Ciências três vezes para que eu saiba que as entendi direito.

- ✔ Eu quero ler por alto alguns pontos essenciais nas minhas anotações de Contabilidade para que me sinta mais familiarizado com o conteúdo antes de estudar mais a fundo amanhã.

- ✔ Eu quero criar mapas mentais destacando todos os pontos essenciais que provavelmente serão parte das questões sobre a Segunda Guerra Mundial na minha prova de História.

Mantendo-se no alvo

Se você tem dificuldades em manter a concentração quando se prepara para as provas, saiba que a sua intenção pode ajudá-lo a manter o foco. Qualquer intenção estabelecida, não importa o tamanho ou prazo, pode melhorar a sua eficácia naquele momento.

Os autores Esther e Jerry Hicks (online em Abraham-Hicks Publications, www.abraham-hicks.com) usam o termo intenção segmentada em seu livro *The Amazing Power of Deliberate Intent: Livign the Art of Allowing* para descrever o uso do poder da intenção para organizar o seu dia exatamente da maneira que você quer que ele seja — minuto a minuto, se necessário. Aqui está um bom exemplo:

> Você recebe uma ligação importante inesperadamente. Peça para quem ligou que aguarde um momento, enquanto você rápida e deliberadamente estabelece a sua intenção, decidindo como quer que a ligação ocorra. Você então continua a ligação com a sua intenção já estabelecida.

Ao usar a intenção segmentada quando estuda, você pode planejar as suas experiências para que a sua vida cotidiana se desenvolva com as intenções que você definiu. Em vez de encarar a vida do jeito que ela é, você se torna o arquiteto das suas experiências cotidianas — desenvolvendo, construindo e moldando a sua vida para uma expressão mais completa do seu propósito geral.

Às vezes, um auxílio visual pode ajudá-lo a manter o seu propósito. Para um pequeno desenho motivacional que você pode copiar e colocar no seu espaço de estudos, vá até o Apêndice C.

Estabelecendo as Suas Intenções Para Objetivos de Longo Prazo

Você pode querer estabelecer intenções de longo prazo. Apesar de os objetivos permitirem que você foque nos resultados que deseja, as intenções focam na maneira como você conquista esses resultados.

Estabelecendo intenções semanais

As intenções semanais são uma forma útil de planejar não só o que você quer conquistar, mas também como você quer que a sua semana flua. Por exemplo, tente estabelecer uma intenção para a próxima semana. No domingo à noite, decida o que quer conquistar durante a semana e como você vai fazer isto.

Sente-se em uma cadeira e use a sua imaginação para se ver na próxima semana. O que você quer resolver? Como vai fazer isto? Por exemplo, você pode querer preparar anotações condensadas de revisão para três matérias. Talvez você esteja planejando manter a quarta-feira à noite livre para ir ao cinema com um amigo. Você também pode ter que trabalhar no fim de semana. Depois que tiver uma visão clara do que você quer fazer e realizar — e quando —, deixe entrar os seus sentimentos ou emoções. Sinta-se e veja-se passando pelos seus dias com facilidade. Enquanto estuda, veja-se e sinta-se estudando sem esforço e com eficácia de maneira que você tenha mais tempo do que esperava. Sinta-se satisfeito com si mesmo. Sinta-se e veja-se se divertindo com um amigo na quarta-feira à noite, e então curtindo o modo com que interage com as pessoas no trabalho no fim de semana.

Encerre o seu filme mental com uma sensação de expectativa de que a sua semana fluirá como você intencionava. Você pode encerrar com a afirmação: se for para ser assim, pode deixar comigo!

Estabelecendo intenções mensais ou anuais

Você pode aplicar o processo que usa para estabelecer as intenções semanais (discutidas na seção anterior) para estabelecer intenções mensais ou anuais.

Tire alguns momentos para estabelecer como você vê o seu mês ou ano fluindo. O que você quer conquistar neste prazo? Escreva alguns objetivos para o mês e para o ano. Por exemplo, no mês que antecede o período de provas, você pode escrever: "Eu quero me preparar para todas as minhas provas com facilidade. Eu tenho energia e motivação para estudar e estou confiante que os meus esforços serão recompensados com ótimos resultados".

Você pode usar estas palavras para se ver como o protagonista do seu próprio filme mental. Quando você diz as palavras, sinta-se e veja-se realmente atingindo os seus objetivos conforme o seu mês ou ano ideal se desenrola.

Outra coisa importante de fazer é olhar as suas intenções mensais pelo menos uma vez por semana. Isto permite que você se mantenha no caminho certo. À medida que você chega ao final do mês e percebe que não está atingindo o que intencionava, a limitação no tempo cria uma sensação de tensão no seu sistema. A sua mente não gosta da tensão e procurará maneiras de resolver o problema. (Eu ofereço mais informações sobre como isto funciona na próxima seção.)

Estabelecendo um limite de tempo

O tempo tem um papel fundamental quando você está estudando para as provas pois a sua mente tem tanta coisa para fazer no que parece ser tão pouco tempo. Nos Capítulos 3 e 6, eu ofereço algumas dicas úteis sobre como administrar o seu tempo. Dê uma olhada nestes capítulos, se está se sentindo pressionado pela falta de tempo.

Outro aspecto de se trabalhar com restrições de tempo é primeiro entender o que acontece psicologicamente quando você se estabelece um limite de tempo. Incluir um prazo com a intenção que você estabeleceu ativam o comando para que a sua energia e motivação, criatividade e habilidades de solução de problemas aumentem conforme você se aproxima do seu prazo. Estabelecer um limite de tempo intensifica a sua motivação de realizar a tarefa. A sua mente diz: "Eu tenho 50 minutos para fazer isto. Melhor começar logo!"

Por outro lado, não deixe que o limite de tempo lhe cause estresse excessivo. Lembre-se: focar no que você quer é mais difícil se você estiver tenso. Uma parte de você precisa estar sempre preocupada em manter a sua vida em equilíbrio — uma parte de você precisa dizer: "Se eu não conseguir fazer, não será o fim do mundo!" Em princípio, entretanto, estabelecer um limite de tempo é útil pois pode aumentar a sua motivação e criatividade conforme seu prazo se aproxima.

Parte III: Revisando e Reescrevendo Suas Anotações

Preparando um cronograma

Para ajudá-lo a organizar o seu tempo para a revisão e para reescrever o material, prepare um cronograma para que possa ver o que precisa ser feito e quando. No Capítulo 14, eu incluo um cronograma preenchido que oferece diretrizes úteis, esteja você no ensino médio, universidade ou estudando para uma prova profissional ou de certificação.

Capítulo 8

Revisando Suas Anotações

● ●

Neste Capítulo

▶ Tendo uma noção sobre o que cairá na prova

▶ Pesquisando materiais adicionais, como livros, rapidamente

● ●

Após você ligar o seu cérebro através de um exercício de relaxamento e estabelecer a sua intenção deliberada para uma sessão de estudo (veja os Capítulos 6 e 7), você pode começar a revisar as suas anotações. Isso envolve focar na informação que mais provavelmente estará na prova.

Neste capítulo, eu descrevo uma série de estratégias de revisão para ajudá-lo a organizar as suas anotações e materiais de aprendizado, e a aproveitar ao máximo outros recursos que podem ajudá-lo a passar nas provas. Eu também mostro como encontrar materiais adicionais ao conteúdo do curso. Com uma estratégia eficaz para encontrar informações extras, você pode poupar horas de preparação.

Obtendo Informações

É provável que você acumule uma enorme quantidade de informações em cada assunto que estuda, que podem incluir anotações das aulas, materiais copiados, impressões de computador, livros didáticos, gravações de áudio, entre outros. Agora chegou a hora de pesquisar através deles e determinar o que é importante revisar e o que não é.

Decidindo o que você precisa revisar

Uma ótima maneira de descobrir quais questões provavelmente cairão na prova é conseguir cópias das provas dos anos anteriores. Procure por padrões que possam lhe dar pistas sobre os tipos de questões que possam cair na prova deste ano.

Se você não conseguir acesso às questões das provas anteriores, considere perguntar a alguém que talvez saiba — um antigo aluno, um professor, um colega de trabalho ou chefe. Interrogue estas pessoas até que você tenha uma boa ideia do que pode ser perguntado na prova.

Após falar com outras pessoas e discernir as informações daqueles com conhecimento de quais questões deverão cair na prova, uma boa pergunta a se fazer é: "Se eu pudesse levar as minhas anotações para a prova, quais eu levaria?". Você pode achar que, à medida que olha suas anotações, algumas informações parecem, soam ou dão a impressão de ser mais importantes. Em um nível inconsciente, a sua memória está se lembrando destes pontos em relação à questão que você está apresentando a ela. (Veja o Capítulo 7 para mais dicas sobre como estabelecer a sua intenção.)

Prestando atenção na aula de revisão

Frequentemente, um professor ou instrutor preparará uma aula especial para revisar o conteúdo provável da prova. Certifique-se de não perder esta aula!

Durante as sessões de revisão pré-prova, é extremamente útil ficar atento à linguagem corporal do seu professor. O professor sabe qual é o conteúdo da prova para qual você está se preparando, mas, por razões óbvias, ele não pode revelar muita coisa. No entanto, como a comunicação recebida na maior parte é não verbal, o professor pode involuntariamente entregar dicas sem realmente falar com palavras. Para aumentar a sua consciência não verbal em uma situação como esta, considere estes aspectos:

> ✓ **Paralinguística:** Isto se relaciona ao som das palavras enquanto estão sendo faladas. Procure por ênfases no volume, tom, entonação e velocidade da fala. Se determinado ponto é importante, a paralinguística ajuda a passar a mensagem até você, sem dizer, "haverá questões específicas sobre...". Os pontos importantes são geralmente comunicados através de uma voz calma, firme e baixa.

- **Contato visual:** Observe para onde os professores estão olhando quando estão falando com a turma. Um contato visual intenso e direcionado indica um ponto importante. Pontos menos importantes provocam um contato visual mais relaxado e menos focado.

- **Expressões faciais e gestos:** Muita ênfase nos pontos importantes é geralmente transmitida através de expressões e gestos. Repare em como seus professores mexem seus rostos e mãos. Elas fluirão em congruência com a paralinguística e o contato visual deles. Seus rostos podem não entregar muita coisa (portanto você precisa ler em seus olhos), mas suas mãos estarão levantadas e ativas quando estiverem falando de tópicos que os empolgam.

Questionando o seu conhecimento prévio

À medida que você revisa suas anotações do curso, questione o seu conhecimento prévio no assunto. Comece a pensar em tudo o que você já sabe sobre o assunto, e tudo o que você acredita ser importante para a prova.

O seu cérebro não consegue compreender algo que ele não reconheça. Ele funciona fazendo associações com o conhecimento formado por você no passado (mesmo que esteja errado). Após formar ideias sobre as informações que você acha que vão cair na prova (acrescentando ao seu conhecimento prévio), quando você começa a revisar o material do curso, o que você vê ao virar as páginas será associado ao conhecimento que você previamente determinou ser importante. Tudo o que você pesquisa e que combine com o que você acredita ser importante se tornará significante. A informação salta aos seus olhos. Tudo o que não combina, você passará por cima. É isto que o seu cérebro foi desenvolvido para fazer (veja os Capítulos 2 e 5). Ele filtra tudo aquilo que não tem valor pessoal para você no momento.

Questionar o seu conhecimento prévio sobre o conteúdo do curso também é útil quando chega a hora de revisar as suas anotações adequadamente, pois as associações construídas entre o velho aprendizado e suas anotações de estudo fortalecem a sua habilidade de reter e relembrar informações mais tarde.

Encontrando Informações Adicionais

Você provavelmente tem uma lista de leitura, com artigos selecionados e livros didáticos. Você pode usar uma série de técnicas para aumentar a sua eficiência ao ler esses materiais, e eu mostro como você pode melhorar as suas técnicas de leitura no Capítulo 9. Entretanto, às vezes, você também terá que procurar informações adicionais em livros e artigos que não estão nas suas leituras obrigatórias. Encontrar essas informações pode consumir muito tempo.

Os seguintes passos oferecem uma maneira prática de fazer o melhor uso do seu tempo enquanto procura informações em livros desconhecidos em uma biblioteca:

1. **Questione a sua seleção. Pergunte-se por que está escolhendo este livro em particular na prateleira.**

   Por que você escolheu este livro e não outro? O que você está procurando especificamente? Como este livro pode adicionar mais informações para sustentar o material que você precisa para se preparar para uma prova?

   As respostas a essas perguntas o ajudarão a formular ideias sobre as informações específicas que você precisa. Após saber o que você está procurando, você conseguirá reparar em qualquer coisa que se iguale às suas ideias.

2. **Seja curioso sobre o livro que está segurando.**

   Uma sensação de curiosidade ajuda a aumentar a sua motivação (e rapidez de revisão) e ajuda a construir conexões neurais com o seu conhecimento prévio.

3. **Leia por alto o livro por 60 segundos para avaliar o seu conteúdo.**

   Olhe na capa e na contracapa, então abra o livro e leia o sumário. Algum título de capítulo contém a informação que você precisa? Se sim, pule para o Passo 4.

   Se você não tem certeza sobre o valor de um livro, vá até o índice (se o livro o tiver) e leia por alto o conteúdo. Um índice pode lhe dizer se um livro oferece informações úteis. No entanto, se você não conseguir encontrar uma relação no índice, coloque o livro de volta e encontre outro, voltando para o Passo 1.

Capítulo 8: Revisando Suas Anotações   *125*

4. Encontre o capítulo que lhe deixou curioso e leia a sua introdução e conclusão.

Um minuto ou dois que você gaste fazendo isso devem ser suficientes para lhe dizer se o livro será útil ou não.

Após localizar os livros extras que precisa, organize-os em pilhas separadas por assunto no seu espaço de estudo. Neste estágio, você está apenas coletando os livros (ou informações) que precisa e determinando que de fato você tenha o material correto. (A leitura vem depois, e eu lhe mostro como revisar o material, simultaneamente, procurando maneiras de condensá-lo em pontos essenciais no Capítulo 9.)

 Se quiser passar imediatamente para o próximo estágio, dê uma olhada no conteúdo e no índice de um livro, e marque as páginas adequadas com um pedaço de papel ou etiqueta adesiva. Isto lhe poupará tempo mais tarde.

Capítulo 9

Aprimorando Suas Técnicas de Leitura

Neste Capítulo

▶ Determinando o seu propósito para a leitura

▶ Descobrindo como ler por alto

▶ Compreendendo como ler para estudar

▶ Aprendendo a ler rápido

▶ Descobrindo a fotoleitura, o método de leitura mais rápido

*M*uitas pessoas — mesmo aquelas que gostam de ler — acham a leitura para estudo cansativa. Apesar disso, você pode usar muitos tipos de estilo ou técnica para ler materiais, cada um desenvolvido com propósitos diferentes.

Neste capítulo, eu exploro as diferentes técnicas de leitura que você pode usar para estudar para as provas. A chave é saber qual é o seu propósito e então aplicar a técnica adequada.

Eu lhe mostro como ler por alto, ler para estudo, e ler rápido. Eu também lhe apresento a uma maneira revolucionária de ler que permite que você absorva uma quantidade incrível de informações em um segundo — a foto leitura.

Lendo para Propósitos Diferentes

Primeiramente, você precisa determinar qual é o seu propósito ao ler qualquer livro, artigo ou redação particular. Você quer ter uma noção geral sobre o assunto? Você quer sair com uma compreensão a fundo? Talvez você queira apenas relaxar e ler por diversão? Após identificar o seu propósito, você pode escolher uma das técnicas diferentes de leitura que eu descrevo nas seções seguintes.

Decidir o seu propósito ao ler ajuda a melhorar o seu foco mental. Você estabelece a sua intenção e direciona o seu cérebro para que leia com maior eficiência. Por exemplo, se você estabelecer uma intenção clara de ler por alto um capítulo, é pouco provável que você se envolva nos parágrafos muito interessantes (mas que consumiriam muito tempo) que compõem o conteúdo geral do livro.

Não pule a parte de estabelecer a sua intenção. Quando você não define o seu propósito para a leitura ou não estabelece a sua intenção para determinar o que você quer obter do material que está prestes a ler, seus esforços poderão ser em vão.

Vendo em preto e branco

Olhe a imagem abaixo. O que você vê? Algumas formas pretas? Você vê uma palavra? Se não, olhe nos espaços entre as formas pretas.

Você foi tão condicionado a ler letras pretas em fundos brancos que quando você vê letras em um fundo preto, é muito difícil para seu cérebro interpretar as palavras. Repare, eu disse "seu cérebro" pois você não lê as palavras com seus olhos, você lê com o seu cérebro. O seu cérebro aprendeu a ler quando você era muito pequeno e possivelmente os hábitos que você tem agora como adulto são aqueles que lhe foram ensinados quando era menor. Entretanto, você pode aprender a melhorar a sua habilidade de leitura.

A propósito, a palavra na figura é LEFT (Esquerda). Você consegue ver agora?

Mergulhando no Texto: A Leitura Por Alto

Após analisar um livro e decidir que ele tem a informação que você precisa, é preciso então explorar o conteúdo. A *leitura por alto* envolve pular para o capítulo relevante e ler a introdução e o resumo. Você agora tem uma noção geral da informação que está buscando. Se precisar ir além, olhe o capítulo, lendo todos os títulos principais, as *frases do tópico* (a primeira frase em cada parágrafo), quaisquer pontos destacados, além das legendas nas figuras e qualquer outra coisa que chame a atenção nas páginas.

Evite ler a fundo neste momento. A ideia por trás da leitura por alto é preparar o seu cérebro para que você saiba o que está sendo abordado no livro. Conforme você vê as palavras, qualquer conhecimento prévio associado na forma de redes neurais consolidadas começam a disparar para fazer conexões.

Para praticar a leitura por alto, leia o artigo na Figura 9-1. Volte a esta página após ler por alto o artigo e anote qualquer ponto essencial. Você pode fazer isto nas margens deste livro ou em uma folha de papel.

Aprofundando o Conteúdo: A Leitura para Estudo

A leitura para estudo é a forma mais lenta de ler que você precisará fazer. O propósito da leitura de estudo é absorver o que está escrito para que você retenha a informação na sua memória de longo prazo. Se o material não precisa ser lembrado, no entanto (por exemplo, ao ler um romance), uma técnica de leitura rápida pode ser suficiente. Eu falo sobre a leitura rápida mais tarde neste capítulo.

Para melhor utilizar o seu tempo de leitura de estudo, dê uma olhada nas diretrizes e dicas nas próximas seções.

130 Parte III: Revisando e Reescrevendo Suas Anotações

Liderando de dentro para fora
por Ian Richards

Aparentemente, existem bem mais de dois mil livros publicados por ano com a palavra "liderança" em algum lugar no título. Se isto representa um poderoso recurso para líderes ou uma fonte crescente de ainda mais confusão é talvez uma questão para debate, mas não posso evitar de pensar que há uma necessidade de se desmistificar a "liderança" e retornar a alguns princípios fundamentais.

Liderança interna e externa
Um modelo útil e direto envolve uma distinção teórica entre a liderança interna e externa, que cria uma distinção entre nossa liderança de "nós mesmos" e a nossa liderança dos outros. Apesar de sua simplicidade óbvia, existem alguns benefícios reais neste modelo. Primeiro, ele fornece uma racionalização tangível para aquela frase já usada demais, "todo mundo é um líder", baseado na afirmação de que todos nós precisamos "liderar" nossas próprias vidas, mesmo que sejamos capazes de nos convencer de que nós não lideramos ou não somos capazes de liderar outras pessoas.

Isto não significa que liderar a sua própria vida seja fácil. Na verdade, com base em minha experiência, a liderança interna é uma área séria de fraqueza para muitas pessoas e, como ficará aparente, também é uma grande causa fundamental de uma liderança externa fraca.

Segundo, o modelo direciona os líderes para que examinem sua própria eficácia pessoal em termos de suas próprias vidas, objetivos e seus pensamentos.

Desenvolvimento pessoal ativo
Para ser um líder interno eficaz você precisa ser capaz de examinar crenças, hábitos e atitudes para que possa fazer ajustes construtivos ao *nível* subconsciente, e assim criar comportamentos naturais ou de "fluxo livre". Aspectos como a sua autoimagem, autoeficácia, autoestima e responsabilidade interna precisam ser desenvolvidos proativamente. Isto pode ser bastante desafiador para muitas pessoas e nunca paro de me chocar com quantos líderes empresariais — muitos em posições formais de liderança — não possuem direção em suas próprias vidas e, igualmente preocupante, não possuem o conhecimento atualizado e as ferramentas necessárias para desenvolverem suas habilidades internas.

Aberto a influências
A falta de liderança interna deixa as pessoas abertas a influências — elas seguem modas e tendências, acreditam no que especialistas dizem e encaram a vida como uma corrente interminável de afazeres. Com certeza, seus objetivos mais importantes são meramente as próximas coisas que tem de fazer. Sem direção, prioridades, equilíbrio e coesão claras, a vida para eles é estressante além da conta.

Figura 9-1: Um exercício de leitura por alto (continua ao lado).

Este é o líder organizacional com uma lista infinita de tarefas "a fazer", a criança que é "facilmente influenciada", a mulher que fica com o parceiro abusivo, o homem desempregado que não consegue se ver trabalhando — sem direção, sem visão, sem liderança interna.

Construindo uma visão pessoal
Quando as pessoas começam a construir suas próprias visões pessoais e desenvolvem as habilidades que precisam para conquistar seus objetivos, elas percebem que não são capazes de mudar e seguir em frente sem impactar, ou ser impactado, pelos outros. Aqui, eu diria que "impactar os outros" geralmente vem na forma de "influência" que, no mínimo, pode ser descrita como uma liderança externa acidental. Portanto, a "influência deliberada" não é somente uma forma conquistada de liderança externa, mas também demonstra a importância de se estar no controle da influência que você tem sobre os outros.

De volta à visão pessoal, fica claro que, para conquistar o que deseja, o indivíduo precisa participar em atividades que façam os outros embarcarem em direção à sua visão e os conecte com pessoas que podem ajudá-lo a chegar lá. Ou, em outras palavras, desenvolver um grau de sincronia entre suas visões e os objetivos pessoais daqueles envolvidos em alcançá-lo é essencial para que eles conquistem o que desejam. Mas, espera aí, isto agora está se parecendo muito com a liderança externa e, é claro, é justamente isso.

Líderes externos precisam criar uma visão baseada em um resultado que seja real e tangível para aqueles envolvidos em levá-la adiante. Crucialmente, esta visão precisa estar em sincronia com alguns elementos essenciais das ambições e dos direcionamentos do próprio líder. Se não for assim, então eles estão apenas fingindo, e isso dá muito trabalho.

Alinhando os objetivos pessoais e profissionais
A falha em sincronizar os objetivos pessoais e profissionais é o que leva os líderes à loucura e o que desperta o pior nos funcionários — eles não acreditarão em você e não acreditarão no seu potencial. Os líderes também precisam trabalhar com os acionistas para criar uma sincronia entre a visão organizacional e os objetivos pessoais daqueles indivíduos. Então seu pessoal vai querer ir para o trabalho e contribuir para a visão organizacional, pois ela os ajuda a caminharem em direção ao alcance de seus próprios objetivos pessoais.

Figura 9-1: Um exercício de leitura por alto (continuação).

Se preparando para fazer leitura para estudo

Nunca abra um livro e comece a ler cada palavra desde a primeira página. Sempre analise o conteúdo de um livro para ter uma noção geral do que ele cobre, e então identifique as áreas que sejam particularmente importantes. Este processo deve lhe tomar uns dez minutos, dependendo do tamanho e detalhamento do livro.

Comece lendo os títulos e buscando no seu conhecimento prévio para preparar o seu cérebro para começar a construir associações mentais. Lembre-se, o seu cérebro não consegue compreender algo que não reconheça. Dar uma olhada em um livro (veja o Capítulo 8) e ler por alto (veja a seção anterior) criam o reconhecimento.

Se você ainda não o fez, leia o sumário para resumir os pontos principais que irá ler (veja o Capítulo 8 para mais sobre isso). Cada capítulo no livro pode ter uma descrição, discutida na introdução ou no resumo. Leia isto e permita-se um momento para deixar o material ser absorvido.

O processo de desenvolvimento mental, ou incubação, é importante pois dá ao seu cérebro tempo para formar vias neurais. Esta é uma razão essencial pela qual ir direto para a leitura para estudo, sem ler por alto primeiro buscando compreensão, pode causar confusão mental. Leia por alto primeiro, questione o seu conhecimento prévio, e aos poucos leia estudando com períodos de incubação. Isso permite que seu cérebro forme as vias neurais fortes de que precisa para levar a uma boa retenção da memória e da relembrança.

Absorvendo os fatos

Toda leitura de estudo deve ser abordada com suavidade (sem tensão). Relaxe e respire. Beba água. Leia os subtítulos principais e então olhe para o começo de cada parágrafo. Essa geralmente é a frase de tópico e lhe dá uma ideia do que será abordado naquele parágrafo. Você pode ter uma boa compreensão de cada parágrafo apenas lendo a primeira frase de cada um deles. Entretanto, se precisar de mais compreensão, leia o parágrafo inteiro.

Vá seguindo pelo capítulo, lendo do começo ao fim. Faça uma anotação mental de qualquer ilustração, listas e gráficos. Após revisar e ler os pontos principais em cada capítulo, anote as palavras-chave ou desenhe um diagrama ou mapa conceitual (veja o Capítulo 10) para resumir sobre o que se trata o capítulo.

Faça-se perguntas e dê a si mesmo respostas sobre o texto enquanto desenha o seu diagrama. Isso ajuda a consolidar a sua compreensão do material. Isso também o ajuda a reter informações na sua memória de longo prazo.

Olhando as anotações da aula

À medida que faz a leitura para estudo de suas anotações da aula, procure palavras-chave em cada parágrafo que representam

Capítulo 9: Aprimorando Suas Técnicas de Leitura — 133

aquele pedaço inteiro de informação. A ideia é buscar maneiras de condensar as suas anotações lineares da aula em formatos visuais. Você precisa escolher palavras-chave que trarão um parágrafo inteiro para o primeiro plano do seu cérebro quando você se lembra daquela única palavra.

Teste de compreensão

Uma forma de checar quanta informação você retém enquanto faz a leitura de estudo é fazendo o seguinte teste com perguntas sobre o artigo na Figura 9-1. Pegue um pedaço de papel e escreva o máximo de respostas que puder usando a memória. Então compare as suas respostas com as minhas, listadas de cabeça para baixo no final do teste. Mesmo que você não responda às perguntas exatamente como eu, você pode contar algo similar como sendo uma resposta correta.

1. Neste artigo, o autor discute dois tipos de liderança. Como elas se chamam?

2. Uma boa liderança interna envolve primeiramente o que?

3. Qual é o pré-requisito para uma boa liderança externa?

4. Quais problemas os líderes com orientação externa têm se não desenvolverem suas lideranças internas?

5. Aproximadamente quantos livros são publicados a cada ano com a palavra "liderança" no título?

6. Quais habilidades essenciais compõem um líder interno eficaz?

7. Qual é um passo essencial no desenvolvimento da liderança interna?

8. Qual é uma maneira eficaz mencionada para fazer com que outros comprem a sua visão?

Respostas: 1. A liderança interna e externa. 2. Uma compreensão de si mesmo. 3. Boa liderança interna — já que a externa flui através da liderança interna. 4. Acham difícil se motivar ou motivar os outros a uma visão mais ampla ou um desempenho melhor. 5. 2.000. 6. Alguém que seja capaz de examinar consistentemente as atitudes, ideias e hábitos que podem estar o prejudicando e prejudicando os outros. 7. Desenvolver uma visão pessoal, e adquirindo o conhecimento e habilidades necessárias para alcançá-la. 8. Descobrir os objetivos pessoais e profissionais de todos os envolvidos e ver se elas podem ser alinhados com a visão geral do grupo.

Testando a sua compreensão

Testar a sua compreensão após a leitura para estudo é útil para descobrir quanta informação ficou retida. Uma forma de testar a sua retenção é se juntar a um amigo e tentar explicar para ele(a) o que você aprendeu. O seu amigo também pode lhe fazer perguntas sobre o conteúdo que você leu.

Em "Mergulhando no Texto: A Leitura Por Alto", mais cedo neste capítulo, eu sugeri que você lesse o artigo na Figura 9-1. Desta vez, eu quero que você leia este mesmo artigo e teste o quão bem você está fazendo a leitura de estudo com compreensão. Quando acabar de ler o artigo, rapidamente desenhe em forma de diagrama os pontos essenciais que se destacaram para você.

Mais Rápido: A Leitura Rápida

Com a finalidade de lhe poupar tempo ao ler, você pode muitas vezes usar a leitura rápida.

A leitura rápida requer que você mova seus olhos por uma página de texto de uma maneira singular — geralmente diferente da maneira com a qual você aprendeu a ler originalmente. Como eu, você provavelmente começou primeiro aprendendo as letras individuais, depois entoando as palavras a partir das sílabas, e então dizendo as palavras inteiras sozinhas, usando o seu dedo para guiá-lo pela página, palavra por palavra. Agora este estilo de leitura já é um hábito.

A *leitura rápida* leva este processo um passo à frente, e envolve ler grupos de palavras de uma só vez e mesmo assim entender o conteúdo.

Para se treinar na leitura rápida, relaxe em modo alfa (veja o Capítulo 5), e então coloque um livro na frente dos seus olhos. O que você quer conseguir é treinar os seus olhos para que parem de olhar para cada palavra individualmente e focar em linhas inteiras de uma só vez. Pare somente três vezes em cada linha: no terço esquerdo da linha, então no terço do meio e então no terço da direita.

Ao fazer a leitura rápida, tente não dizer as palavras para si enquanto lê. Isto apenas o desacelera. À medida que você fica mais habilidoso na leitura rápida, veja se consegue ler e entender o texto sem o diálogo interno.

Capítulo 9: Aprimorando Suas Técnicas de Leitura

Lendo com rapidez

Tente ler o seguinte parágrafo. Como esta é uma passagem estreita, você precisa focar seus olhos apenas nas duas partes do texto, dos dois lados de cada ponto de quebra.

Leitura rápida permite que de informações rapidamente. pararia seus olhos apenas desta maneira. Se for uma precise parar três vezes para você absorva linhas inteiras. Se a página for estreita, você duas vezes em cada linha, página maior, talvez você ler cada terço.

Como você se saiu? Você conseguiu ver os grupos de palavras de uma só vez? Você conseguiu vê-las sem vocalizá-las na sua mente? Este é um exemplo do tipo de habilidade que você pode aprender através da leitura rápida.

Você pode estar fazendo a leitura rápida às vezes sem nem perceber que está fazendo. Por exemplo, se você estiver lendo um jornal ou revista com linhas curtas (ou seja, o conteúdo está organizado em colunas), os seus olhos olhariam somente a metade da esquerda, e então a metade da direita de cada linha. Isto é a leitura rápida em sua forma mais básica.

Leva tempo para aumentar a periferia do seu ponto focal para ver grupos de palavras de uma só vez, enquanto se está simultaneamente consciente de não vocalizar na sua mente. É uma habilidade útil de se desenvolver e uma que pode lhe poupar muito tempo a longo prazo.

Quando você começa a fazer a leitura rápida a sério (particularmente em livros), não se preocupe muito se não estiver entendendo a informação muito bem. Neste estágio você deve focar em estabelecer um novo hábito — mover seus olhos de uma maneira diferente. Logo o método se tornará uma forma automática de leitura — você não terá que pensar conscientemente em mover seus olhos de maneira diferente, e você será capaz de focar a sua atenção na compreensão do que está lendo.

Para descobrir mais sobre a leitura rápida, dê uma olhada em TurboRead Speed Reading em www.turboread.com. Este site oferece informações gerais sobre a leitura e testes online para checar a velocidade da sua leitura.

Indo além da Leitura Rápida: A Fotoleitura

Há alguns anos, um novo método de leitura se tornou disponível após um avanço na compreensão da maneira com que o cérebro das pessoas leem e processam informações. Chamado de fotoleitura, este estilo de leitura vai além da sua mente consciente e analítica para usar a sua mente não consciente na absorção de texto em uma página a aproximadamente 25.000 palavras por minuto. O método foi desenvolvido por Paul Scheele e seus colegas no Learning Strategies Corporation, nos Estados Unidos.

Scheele acredita que o olho humano é capaz de receber dez milhões de pedaços de informações a cada segundo, que significa que o seu cérebro pode registrar inconscientemente uma página inteira de informações como uma fotografia conforme você vira rapidamente as páginas de um livro — se você treiná-lo para isto. O truque é confiar que esta informação está entrando e então usar outro processo para trazê-la para sua mente consciente.

A compreensão também é retida durante a foto leitura, com pessoas relatando que são capazes de escrever ou conversar sobre um assunto do qual não possuíam nenhum conhecimento prévio antes de fazer a foto leitura dele.

Para informações passo a passo sobre como fazer a foto leitura, dê uma olhada no site da Learning Strategies, em www.learningstrategies.com/PhotoReading/Home.asp.

Testando a sua velocidade de leitura

Se você quiser ver se a sua atual velocidade de leitura está abaixo, acima ou na média, leia o artigo na Figura 9-1, usando estas instruções: marque um tempo de 60 segundos, lendo o artigo a partir do primeiro parágrafo. Pare de ler após 60 segundos. Então localize a 240ª palavra, exibida em itálico no quarto parágrafo.

Você procura pela 240ª palavra, porque a velocidade média de leitura é de 240 palavras por minuto, e ao final do teste você terá uma ideia se você lê mais devagar ou mais rápido do que os outros.

Capítulo 10

Preparando Suas Anotações

Neste Capítulo

▶ Encontrando palavras-chave nas suas anotações da aula

▶ Usando o mapa mental para organizar visualmente as palavras-chave do seu tópico

▶ Agrupando ideias relacionadas através de mapas conceituais

▶ Criando os mapas de rota discursiva para estruturar as suas ideias

▶ Trabalhando com formatos visuais diferentes

*V*ocê pode estar na escola, universidade ou se preparando para uma prova profissional, mas, para fazer com que as anotações que você faz nas aulas sejam auxiliares eficazes de estudo, você precisa reescrevê-las. As suas anotações são geralmente lineares por natureza, mas o seu cérebro pensa através de imagens, portanto, saber como criar imagens e padrões com as palavras-chave o ajuda a produzir materiais de estudos mais eficazes. Os formatos visuais possibilitam uma retenção mais fácil da memória.

Neste capítulo, eu lhe mostro uma variedade de maneiras de transformar informações em formato visual. Eu mostro como extrair palavras-chave de anotações, documentos e livros e como usar o mapeamento mental para descrever visualmente o seu tópico. Eu também mostro como organizar informações relacionadas, usando o conceito de mapas e dos mapas de rota discursiva.

Condensando as Suas Anotações

Conforme você revisa as anotações que fez durante as aulas e palestras, procure formas de extrair palavras-chave que representem grandes pedaços de informação. Você pode então inserir estas palavras-chave em um novo formato que apresente a informação visualmente, sendo assim mais fácil de se relembrar.

Para começar, selecione as anotações do curso que você precisa revisar. Pode ser qualquer matéria. Agora, tire um momento para relaxar o seu corpo e mente e estabelecer a sua intenção. O seu propósito é encontrar palavras-chave que representem um parágrafo ou uma grande seleção de ideias. Estas palavras formarão as suas novas anotações condensadas para o estudo e a revisão mais tarde.

Comece escrevendo o assunto principal das anotações selecionadas. Conforme revisa as suas anotações, liste os temas principais apresentados e dê um título para cada um. Então extraia palavras–chave para cada tema. Tente extrair no mínimo quatro temas principais e cinco palavras-chave em cada tema, extraindo aproximadamente 20 palavras-chave. Encontrar as palavras-chave nas suas anotações não deve demorar muito — geralmente não mais do que cinco minutos.

Agora você está pronto para apresentar estas palavras em um formato visual, usando uma das técnicas de mapeamento que eu apresento neste capítulo. (Para ver o quão eficientemente você é capaz de aplicar as suas palavras-chave em diferentes tipos de mapas, dê uma olhada em "Aplicando os Formatos Visuais: Um Guia Prático" no final deste capítulo.)

Diagramando um Mapa Mental

O mapeamento mental é uma ótima forma de discutir ideias, classificar informações ou estruturar ideias, se você está fazendo anotações, organizando os materiais, solucionando problemas ou revisando materiais de estudo para retenção da memória.

O *mapeamento mental* envolve criar um diagrama em forma de árvore, organizando as palavras-chave e figuras em volta de um tópico central ou uma ideia no meio da página. Você desenha os grupos ou temas principais do seu tópico como galhos coloridos, se alastrando a partir do centro. Você então adiciona as palavras-chave e pequenas ilustrações em cada galho. Você também pode

Capítulo 10: Preparando Suas Anotações

incluir mais informações ao incluir os subgalhos atrelados aos galhos principais.

A Figura 10-1 mostra um exemplo de mapeamento mental que resume a informação coberta neste livro. Apesar de não poder lhe mostrar as cores que eu usei no meu mapa nesta página em preto e branco, dá para você ter uma ideia.

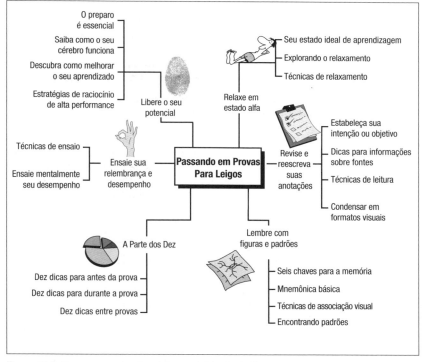

Figura 10-1: O mapeamento visual do conteúdo deste livro.

Para começar a fazer o mapeamento visual, siga estes passos:

1. **Revise as suas anotações, identificando as palavras-chave em cada seção principal.**

2. **Escreva o seu tópico no meio de uma página em branco. Então, usando a memória, anote as palavras-chave que identificou no Passo 1, organizando-as em volta da página para resumir os principais títulos nas suas anotações.**

Parte III: Revisando e Reescrevendo Suas Anotações

Trabalhar com a memória neste passo o ajuda a visualizar os pontos principais na sua mente — e é uma oportunidade de revisar os pontos principais de um tópico.

3. Liste os pontos principais de cada palavra-chave ao lado ou abaixo dela, agrupando ideias relacionadas para que, conforme seus olhos seguem o mapa na página, cada galho tenha o seu próprio tema.

4. Olhe as suas anotações e adicione mais informações aos galhos (e subgalhos) do seu mapa.

5. Faça o mapa o mais visual possível, usando cores diferentes para cada galho e incorporando imagens associadas aos galhos principais. Use setas para representar a relação entre os pontos principais.

6. Gaste algum tempo revisando o seu mapa conforme a sua prova se aproxima.

Para algumas pessoas, o mapeamento mental é um bom auxílio para a memória. Para outras, o mapeamento mental é uma maneira ótima de condensar grandes quantidades de informação para usar com outras técnicas de memória. Não importa como você usa, o mapeamento mental pode ser uma ferramenta útil de estudo.

Se quiser, você pode usar softwares de mapeamento mental para mapear as palavras-chave de um tópico em vez de desenhar com as suas próprias mãos. A Mind Manager, desenvolvida pela MindJet (vá até www.mindjet.com ou www.mindsystems.com.au), é uma ferramenta que você pode usar para transformar as suas anotações de aula em mapas visuais. Para encontrar outras ferramentas, procure na Internet por softwares de *mind mapping*. Algumas destas ferramentas custam dinheiro; outras são grátis. Até mesmo os produtos pelos quais você precisa pagar geralmente oferecem um período de teste gratuito. Dê uma olhada nos exemplos no site da Illumine Training, www.mind-mapping.co.uk/mind-maps-examples.htm, para ver o quão criativos os mapas mentais podem ser. O Buzan World, http://thinkbuzan.com/, comandado por Tony Buzan (que, ao lado de seu irmão, popularizou o mapeamento visual nos anos 80), oferece muitas informações e recursos sobre o mapeamento visual, desenvolvidos para melhorar a velocidade de leitura e a retenção da memória. Você pode assistir o Tony discutindo o mapeamento visual no YouTube. Vá até www.youtube.com/watch?v=MlabrWv25qQ. Também dê uma olhada em *Mind Mapping For Dummies* (Mapeamento Mental Para Leigos).

Conectando Ideias Através de Mapas Conceituais

Os mapas conceituais são formatos simples de anotações que permitem que você veja as suas anotações lineares visualmente. Um *mapa conceitual* é um diagrama que mostra um modelo mental de informação linear que o ajuda a esclarecer ideias e conceitos.

Em um mapa conceitual, você condensa e organiza as suas ideias ao colocar as palavras-chave em caixas ou círculos em uma página e desenhar linhas que contenham as palavras ou frases relacionadas. As técnicas de mapeamento conceitual variam (e variam de nome), mas os quatro tipos principais são o mapa aranha, o mapa hierárquico, o mapa fluxograma e o mapa de sistema. Eu discuto cada um nas seções a seguir.

Os mapas conceituais são muito flexíveis, e, com um pouquinho de imaginação, você pode usá-los para representar visualmente quase todo tipo de informação. Por exemplo, você pode usar um mapa conceitual para ilustrar questões que requeiram que você classifique informações (como as questões do tipo defina e discuta), ou para avaliar criticamente um tópico (nas questões de relação causa-efeito). Você também pode usar os mapas conceituais para ilustrar conhecimentos, discutir ideias ou demonstrar habilidades de solução de problemas.

Os quatro mapas conceituais básicos que eu apresento neste capítulo são muito fáceis de desenhar, ou você pode usar um software para criá-los. A galeria de diagramas do Microsoft Word, por exemplo, inclui algumas ferramentas básicas de mapeamento conceitual (apesar de a Microsoft usar nomes diferentes, como a ferramenta Diagrama Radial, para criar um simples mapa aranha). Para usar as ferramentas no seu Word, abra um documento no qual você deseja adicionar um mapa conceitual e, a partir do menu principal, selecione Inserir → Diagrama, então escolha o tipo de diagrama que deseja usar. A estrutura do diagrama aparece na página e você simplesmente insere suas palavras-chave nos círculos ou caixas disponíveis. Você também pode reorganizar o formato, disposição e estilo do diagrama, você pode até mesmo adicionar cores e fazê-lo tridimensional, se quiser.

Para uma abordagem mais profissional, use um software que crie mapas mais rebuscados. Um exemplo é o Smart Draw (**www.smartdraw.com**), que oferece uma ferramenta de mapeamento conceitual que você pode fazer o download grátis para seu computador.

Organizando um mapa aranha

Um *mapa aranha* mostra temas relacionados em volta de um tópico principal, e é ótimo para discutir ideias. Parecido com o mapeamento mental (veja "Diagramando um Mapa Mental" mais cedo neste capítulo), em um mapa aranha você escreve o tópico principal no centro da página e cria galhos saindo do centro, para cada subtópico. Você então insere os temas relacionados em cada círculo externo. Os mapas aranha usam linhas e palavras em círculos — os mapas mentais usam apenas linhas —, mas eles alcançam essencialmente o mesmo propósito.

A Figura 10-2 mostra o formato de um mapa aranha básico, com palavras-chave colocadas em volta de um tema central. Você também pode adicionar anotações em cada galho se estiver desenhando o seu mapa aranha à mão.

Colocar dois mapas aranha lado a lado permite que você faça comparações entre dois assuntos relacionados — por exemplo, para organizar as informações essenciais para uma questão discursiva do tipo compare e contraste. Você pode rapidamente produzir dois mapas aranha em uma folha de papel usando as palavras-chave que extrair das suas anotações. Escreva os dois tópicos que está comparando nos dois círculos centrais, como mostra a Figura 10-3. Então escreva os pontos contrastantes nos círculos externos, e nos círculos internos escreva os pontos comparáveis.

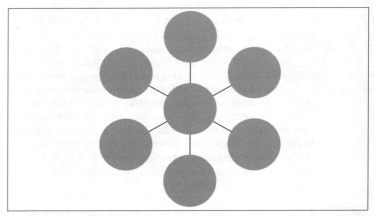

Figura 10-2: Um mapa aranha simples, com círculos colocados em volta de um círculo central.

Capítulo 10: Preparando Suas Anotações 143

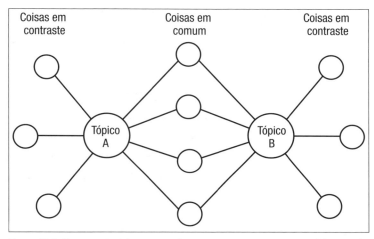

Figura 10-3: Um mapa aranha mostrando como agrupar pontos essenciais quando se comparando e contrastando informações para uma questão discursiva.

Classificando informações com um mapa hierárquico

Um mapa hierárquico organiza as informações em forma decrescente de importância de cima para baixo, como mostra a Figura 10-4. Os mapas hierárquicos são úteis quando você precisa condensar e organizar grandes quantidades de informações em palavras-chave, abaixo de um tópico central (por exemplo, se você estiver estudando para provas sobre tópicos de Ciências ou Estudos Sociais).

Escreva o seu tópico na caixa mais alta e as subcategorias nas caixas no nível abaixo. Então escreva palavras-chave específicas sob cada subcategoria. Por exemplo, se você estiver estudando a teoria do apego[1] para uma prova sobre Desenvolvimento Humano, escreva Teoria do Apego na caixa do alto. Em seguida, coloque os teóricos (como Bowlby, Ainsworth e Karen) no nível seguinte, seguido pelas palavras-chave da teoria de cada um nas caixas abaixo de seus nomes.

---

[1] N.E. Teoria que descreve a dinâmica de longo termo em relacionamentos entre humanos. Seu princípio mais importante declara que um recém-nascido precisa desenvolver um relacionamento com, pelo menos, um cuidador primário para que seu desenvolvimento social e emocional ocorra normalmente.

Representar visualmente as suas anotações lineares das aulas permite que você relembre informações com muito mais facilidade do que tentando memorizar apenas linhas em uma página.

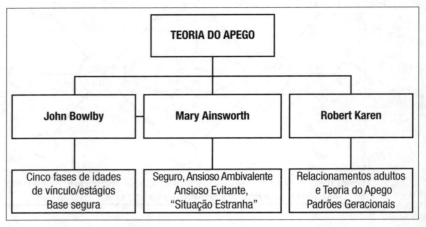

Figura 10-4: Um mapa hierárquico.

Organizando um fluxograma

Um *fluxograma* (veja a Figura 10-5) é uma ferramenta comum de mapeamento usada para mostrar ideias em um formato linear. Os manuais técnicos geralmente usam os fluxogramas para demonstrar cenários de resolução de problemas.

Os fluxogramas ajudam a identificar as relações entre as seções e subseções de um tópico (por ordem de números, operações, passos, e assim por diante). Eles também o ajudam a ordenar informações em uma sequência lógica. Parecido com o mapeamento de rota discursiva (veja "Planejando os Caminhos Literários: Os Mapas de Rota Discursiva" mais tarde neste capítulo), você pode usar um fluxograma para sequenciar ideias para uma questão discursiva da introdução até a conclusão.

Na caixa principal da esquerda, escreva o nome do tópico. Nas caixas centrais, liste as suas palavras-chave em sequência, de cima para baixo (com a Introdução na caixa de cima e a Conclusão na caixa de baixo). Adicione caixas no lado direito para listar informações extras relacionadas às palavras-chave específicas.

Capítulo 10: Preparando Suas Anotações **145**

 Você pode transformar as informações que apresenta em um mapa hierárquico (veja a seção anterior) em um fluxograma para condensar um plano simples de uma redação. Fazer isto o ajuda a sequenciar as informações relevantes em uma ordem lógica.

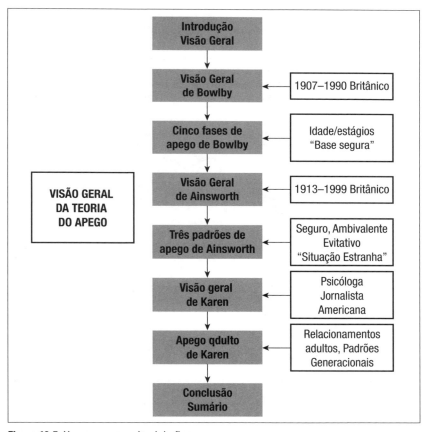

Figura 10-5: Um mapa conceitual de fluxograma.

Circulando em volta de um mapa de sistemas

Um *mapa de sistemas* é parecido com um fluxograma, mas enfatiza as entradas e saídas de um sistema. Estas entradas e saídas são as causas e efeitos influenciando como um sistema opera e se organiza.

Você pode aplicar os mapas de sistemas para ilustrar muitos tópicos diferentes. Por exemplo, em Biologia, você pode usar um mapa de sistemas para ilustrar as diferentes facetas do sistema digestivo. Na História, você pode usar o mapa de sistemas para mostrar a ascensão e a queda de um império, e destacar quando líderes dominantes entraram e saíram do cenário político. Na Geografia, você pode usar um mapa de sistemas para mostrar a influência e os efeitos dos seres humanos em uma região.

Para desenhar um mapa de sistemas, você simplesmente escreve as entradas e saídas nas setas da esquerda e da direita, e então adiciona as suas palavras-chave — os fatores que influenciam os sistemas — entre as setas circulares. A Figura 10-6 é um modelo de mapa de sistemas.

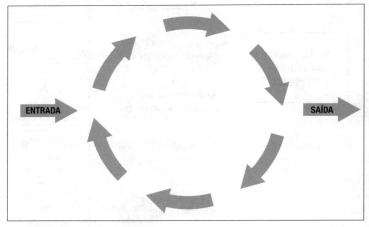

Figura 10-6: Um mapa de sistemas.

Planejando Caminhos Literários: Os Mapas de Rota Discursiva

Os mapas de *rota discursiva* podem ajudá-lo a planejar e escrever redações para trabalhos ou questões discursivas nas provas. Você pode usá-los para ajudá-lo a organizar uma redação em sequência, mapeando uma rota visual que diz exatamente quais informações cabem aonde, parágrafo por parágrafo, desde a introdução até a conclusão. Esta é uma técnica de anotações extremamente útil se você precisa coletar e sintetizar ideias e informações para sua redação a partir de muitas fontes diferentes. Isto é típico das redações de nível universitário, mas igualmente aplicável às redações do ensino médio também.

A pergunta discursiva ou a redação determina quantas seções serão necessárias no seu mapa de rota discursiva. Planeje o esquema da sua redação, decidindo quais informações entrarão em cada seção principal, como definido pela pergunta. Conforme você coleta as informações em cada seção, faça anotações de localização para lembrá-lo onde encontrar aquela ótima citação ou ideia que queira usar. Você também pode marcar as páginas de livros com o número da seção do mapa de rota.

Pegue um ou dois exemplos de uma pergunta discursiva que provavelmente cairá na prova, para que você possa preparar um mapa de rota discursiva que possua informações gerais que você possa adaptar para se encaixar em qualquer questão relacionada na prova.

Muitas questões discursivas de provas do ensino médio envolvem analisar e escrever sobre diferentes aspectos de um livro estudado durante o ano. A Figura 10-7 mostra um exemplo de mapa de rota discursiva escrito à mão que explora a caracterização da peça *Otelo*, *de Shakespeare*. Aqui, um estudante decidiu ilustrar o personagem de Otelo sob quatro categorias, usando um padrão de palavras que começam com D — Devotado, Decepção, Dúvida e *Death* (morte, em inglês).

Repare que começando do topo, na Introdução, os títulos principais estão listados como linhas numeradas que se estendem para a direita e esquerda a partir de uma linha central. Os subtítulos também são numerados. As palavras-chave são colocadas sob cada subtítulo e a fonte da informação é anotada. As anotações de localização são colocadas no mapa de rota (e no documento) para mostrá-lo onde encontrar esta informação novamente, quando estiver pronto para escrever a redação.

Após organizar todas as palavras-chave e as anotações de localização para todos os subtítulos, você pode escrever a redação por inteira. O passo final é pegar o conteúdo da redação e memorizar para a prova, que eu lhe mostro como fazer no Capítulo 13.

A Figura 10-8 mostra um mapa de rota discursiva preparado para uma redação universitária sobre o desenvolvimento humano, chamada de Apego e Perda. Repare como o mapa organiza logicamente as informações a partir de uma variedade de fontes diferentes.

148 Parte III: Revisando e Reescrevendo Suas Anotações

Estas instruções oferecem uma visão básica de como criar os mapas de rota discursiva. Para informações mais detalhadas, dê uma olhada nos recursos de mapas de rota discursiva disponíveis no meu site www.passingexams.co.nz.

---

*A Obra Completa de Shakespeare (1937) Odhams & Blackwell

OTELO: O NOBRE PROTAGONISTA

INTRODUÇÃO

Otelo/Shakespeare
— homem nobre, enganado por Iago, a quem sua esposa Desdêmona é infiel
— ciúmes → assassinato
  → suicídio

2 DECEPÇÃO

2.1 A queda de Otelo começa. (p. 826) Iago envenena sua mente
2.2 Desdêmona / Cássio
2.3 Otelo acredita em Iago — citação: "honesto e justo" levado à dúvida (p. 831)

4 MORTE (DEATH)

4.1 Otelo enraivecido — Acredita em Iago
4.2 Mata Desdêmona (p. 853) — citação: "fiz isto não por ódio..." (p. 856)
4.3 Se mata

1 DEVOTADO

1.1 nobre/honrável mouro serve o Estado (p. 818) frase: "Eu trago a minha vida e meu ser..." (p. 820)
1.2 — Otelo, não violento frase: "Levantem suas brilhantes espadas..." (p. 821)

3 DÚVIDA

3.1 Iago persiste: "Dele, não gosto disto."/ Cássio (p. 838) Otelo → Iago: "Traz no pensamento um monstro horrível..."
3.2 A dúvida se instala — citação: "Extraordinário patife, a perdição pega minha alma..." (p. 848)

CONCLUSÃO

— Otelo coração nobre
— Decepção/dúvida/ciúme
→ Morte: Assassinato/suicídio
Reparação? "Matando—me para morrer por um beijo" (p. 859)

Figura 10-7: Um mapa de rota discursiva escrito à mão mostrando a organização de palavras-chave para ideias e citações de uma peça de Shakespeare.

Capítulo 10: Preparando Suas Anotações 149

Discussão da Teoria do Apego descrevendo a contribuição que fez para a nossa compreensão da tristeza e da perda.

APEGO E PERDA

INTRODUÇÃO

(Fraley & Shaver p. 115)
citação "Você não supera..."

Teoria do apego – B/A
Padrões A.T.– Tristeza/Perda
Limitações/Benefícios

2 AINSWORTH

2.1 Mary Ainsworth
– 3 categorias (p. 30)
↕

2.2 citação (Karen, p. 36).
2.3 Pesq .de Stroufe &
Fleeson – capítulo 1.
resumo

4 LIMITAÇÕES/ B'

4.1 (Wortman & Silver, p. 167)
trabalho sofrimento intensifica
a tragédia para os pais

4.2 Teoria de Bowlby – não
capaz de categorizar fases (p. 35)
4.3 Ainda assim, boa contribuição!
(Bowlby, p. 28) resumo

1 BOWLBY

1.1 Teoria John Bowlby
4 fases (p. 124–126)
1.2 Bowlby (p. 126–8)
citação: "Minha forma de
comportamento..." (p. 129)

3 PADRÕES A.T. (TRISTEZA/PERDA)

3.1 (Silverman & Klass p. 10)
– resposta a tristeza 3 fases
– Bowlby ansiedade de separação
3.2 Freud – desapego vivos/mortos
(Fraley & Shaver p. 128) citação.
3.3 Bowlby discorda:: laço com mortos
de uma nova maneira – citação. (p. 186)

CONCLUSÃO

– Bowlby/ Ainsworth
– Padrões A.T. – tristeza/perda
– Limitações/Benefícios
– válidos – relacionamentos
– paternidade

Figura 10-8: Um mapa de rota discursiva manuscrito no nível do ensino médio mostrando a organização das palavras-chave para ideias e citações a partir de uma variedade de fontes diferentes.

Um dos maiores problemas que os alunos enfrentam ao escreverem redações é encontrar uma forma de organizar a grande massa de conteúdo potencial que possuem. Eles geralmente perguntam: "Dos livros, artigos de jornais e documentos da internet que encontrei, quais informações devo selecionar e onde exatamente seria o melhor ligar para colocá-la após selecioná-la?". Eu tive o mesmo problema quando era aluno aprendendo a escrever redações. Para resolver este problema, eu comecei a criar mapas de roteiro discursivo e achei este método tão eficiente que um ano eu tirei as melhores notas da minha sala, em três matérias. Todos os trabalhos eram redações, assim como questões discursivas. A universidade me deu um prêmio por excelência — prova de que esta técnica funciona mesmo!

Aplicando Formatos Visuais: Um Guia Prático

Nesta seção, resumo as maneiras que você pode usar os diferentes formatos visuais.

Primeiro, pegue a seleção de 20 palavras-chave que você extraiu das suas anotações do curso na seção "Condensando as Suas Anotações", no começo deste capítulo, e pense em como apresentar essa informação usando o mapeamento mental. Pegue um pedaço de papel em branco e distribua as palavras-chave em volta da página, escrevendo-as em galhos separados por cores diferentes.

Em seguida, use um dos formatos de mapa conceitual para descrever um dos temas das suas anotações de aula.

Os mapas conceituais o ajudam a classificar as questões ou avaliar criticamente um tópico. Você também pode usá-los para discutir ideias, ilustrar conhecimentos, solucionar problemas e demonstrar habilidades de raciocínio de ordem superior.

Capítulo 10: Preparando Suas Anotações *151*

Finalmente, planeje um trabalho de redação usando um mapa de rota discursiva. Escolha um livro ou um outro tópico que você também poderia usar em uma prova. Analise a questão discursiva para determinar o número de seções necessárias no seu mapa de rota discursiva. Nomeie e numere estas seções, e então decida o que pode discutir em cada uma delas. Numere os subtítulos. Agora que você sabe o que procura, escolha a informação que ficará sob cada subtítulo. Escreva as suas palavras-chave, frases e anotações de fontes. Então, marque as fontes de materiais com os títulos das seções do mapa de rota. Bom Trabalho!

152 Parte III: Revisando e Reescrevendo Suas Anotações

Parte IV

Relembrando Através de Figuras e Padrões

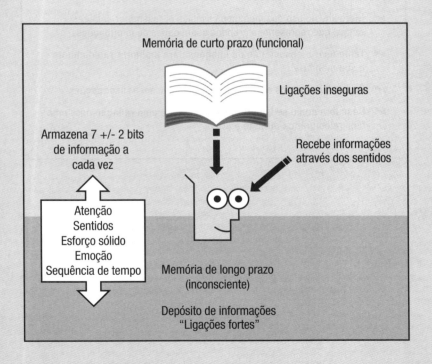

Nesta parte ...

- Descubra os seis princípios essenciais e as técnicas diárias para melhorar a sua memória.

- Mergulhe no uso da mnemônica simples para lembrar palavras-chave que representem grandes quantidades de informações.

- Tente usar a associação de imagens para melhorar rapidamente a sua memória.

- Organize conteúdos em padrões que sequenciam as informações.

- Descubra como se lembrar do conteúdo de uma redação para uma fácil relembrança durante a prova.

Capítulo 11

Utilizando ao Máximo as Habilidades de Memorização

Neste Capítulo

▶ Compreendendo a memória e o processo de recuperação

▶ Descobrindo maneiras essenciais de aumentar a sua memória

A memória trabalha através dos processos das células cerebrais (neurônios), fazendo conexões umas com as outras. Quanto mais fortes e densas forem as suas conexões neurais, melhor será a sua memória. O aprendizado necessita da memória, e quanto mais você entende como funcionam a sua memória e o seu aprendizado, mais fácil você será capaz de implementar as habilidades que melhoram a sua retenção e a relembrança.

Neste capítulo, eu analiso seis princípios que afetam a maneira como a memória funciona: intenção, figuras, emoções, movimentos, localização e repetição. Quando você aplica estes princípios para ajudá-lo a reter suas anotações de aula, você pode fazer melhorias dramáticas no seu desempenho nas provas.

Este capítulo também inclui algumas maneiras de testar tais técnicas de memória. Com um pouco de prática, você pode construir a sua autoconfiança em sua habilidade de aprender e reter informações, assim como a sua habilidade de se sair bem até naquelas provas mais difíceis.

Use ou Esqueça

Você aprendeu a tocar um instrumento musical quando era jovem — piano ou violão, talvez? Aprender a tocar música requer que você use sua memória, certo? Você estabelece o seu objetivo, foca a sua atenção na tarefa, pratica o posicionamento das suas mãos nas teclas ou cordas e, em pouco tempo, você lembra o que fazer na próxima vez e na outra, até que esteja programado em você e você consiga tocar usando muito pouco a relembrança consciente. Tocar a música é então passado para a sua memória, e assim ela flui.

Pesquisas sobre aprendizagem e memória em adultos, por Michael Merzenich e colegas, usando o modelo de neuroplasticidade (veja o Capítulo 2 para mais informações sobre a neuroplasticidade e a natureza mutável do cérebro humano), sugerem que o seu cérebro racional, o córtex cerebral, é como uma criatura viva e com apetite. Você precisa alimentar e exercitar o seu cérebro para mantê-lo saudável e em bom funcionamento. Faça isso, e seu cérebro irá se reprogramar fisicamente para qualquer tarefa que você queira aprender — piano, violão, História, Cálculo, Contabilidade ou o que for. O seu cérebro, na realidade, permite que você aprenda como aprender, a cada atividade em que você se empenhe. Você usa ou esquece, como costumam dizer.

Se você não usar o seu cérebro, as conexões entre as células cerebrais se enfraquecem, enfraquecendo também a sua memória. Ao revisar e ensaiar repetidamente o material que precisa relembrar para uma prova, você o "liga" em seu cérebro aumentando assim a sua memória.

Seis Chaves Para a Boa Memória

Pela utilização dos seis princípios que eu explico na lista seguinte e desenvolvo nas seções seguintes — individualmente ou combinados — você pode facilmente melhorar a sua retenção e a sua relembrança ao se preparar para uma prova:

✓ **Intenção:** Para memorizar bem qualquer coisa, você precisa estabelecer a sua intenção, ou propósito, e decidir porque você quer memorizar tal informação. Quando você estabelece a sua intenção, você sintoniza a atenção, concentração e motivação do seu cérebro em relação à tarefa (mais sobre cada um destes no Capítulo 7). Esses três aspectos afetam o seu raciocínio e são necessários para absorver a informação.

Capítulo 11: Utilizando ao Máximo as Habilidades de Memorização *157*

✔ **Figuras:** A memória funciona melhor quando imagens e figuras são usadas. É por isso que encontrar maneiras de converter as anotações lineares da aula em formatos visuais, como os mapas conceituais (veja o Capítulo 10), é tão útil. É mais provável que você relembre palavras-chave em uma imagem, do que nas linhas de uma página.

✔ **Emoção:** Quanto mais exageradas, estranhas, mágicas, sexy, vulgares ou dolorosas forem as suas figuras, mais provável será que você se lembre delas. Quaisquer emoções fortes funcionam. (Para mais informações sobre o elo entre as emoções e a memória, veja o Capítulo 2.)

✔ **Movimento:** A memória funciona melhor através de associações ou ao fazer conexões. A melhor maneira de fazer conexões é adicionar movimento ou ação às imagens. Uma história visual é uma ótima maneira de se lembrar e relembrar informações.

✔ **Localização:** Se uma história comovente, emotiva e visual começa em um local em particular, a sua memória pode encontrar e acessar essa história com mais facilidade. A localização que você cria é simplesmente um *pino de memória* — uma figura pré-arranjada que já está guardada na sua memória.

✔ **Repetição:** Ensaiar a sua relembrança de três a sete vezes na sua mente garante que a informação fique guardada. Tal ensaio fortalece as ligações neurais e transfere as informações da memória de curto prazo para armazenamento na memória de longo prazo.

Focando em uma coisa de cada vez

Estabelecer a sua intenção ou propósito para estabelecer o porquê de você querer memorizar alguma coisa é um fator essencial para ajudá-lo a colocar a informação para dentro de sua cabeça. (Eu lhe mostro como, no Capítulo 7.) Com certeza, a sua atenção está focada e não distraída.

Muitos problemas de memória acontecem porque a sua atenção está dividida no momento que você precisa se lembrar de alguma coisa.

A multitarefa é um bom exemplo. Apesar de você pensar que está sendo eficiente quando está executando tarefas múltiplas, o seu cérebro só consegue prestar atenção conscientemente em uma coisa de cada vez. Você pode acreditar que está fazendo várias coisas simultaneamente, mas o seu cérebro está na verdade realizando uma tarefa, e a segunda e a terceira muito rapidamente em seguida. A não ser que uma tarefa já esteja em um ponto em que você consegue fazê-la automaticamente sem pensar, tentar fazê-la enquanto também faz outra coisa apenas distrai o seu cérebro e reduz a sua atenção, concentração, e motivação — todos fatores importantes para uma boa memória.

O truque é praticar uma tarefa o suficiente para que ela aconteça através da memória e, então, adicionar uma nova tarefa para ativar a sua mente consciente. Por exemplo, enquanto você está lavando a louça — uma rotina que você já praticou tanto que está acoplada à sua memória e você é capaz de realizá-la sem pensar conscientemente nela — você pode executar uma multitarefa ao ouvir conscientemente uma gravação das suas anotações de estudo, ou cantando, ou recitando-as em voz alta.

Uma maneira essencial de melhorar a sua memória é declarar a sua intenção e fixar a sua atenção em uma coisa só do começo ao fim. O foco aumenta a sua memória.

Usando imagens ou padrões nítidos

Alguns pesquisadores sugerem que quando você pensa em alguma coisa, você não cria figuras na sua cabeça e sim uma representação da realidade desenvolvida pelos vastos processos neurais e dos astrócitos. (Eu explico os astrócitos e os processos cerebrais no Capítulo 2.) Para muitas pessoas, muito do processamento acontece no córtex visual primário do cérebro, e é por isso que você consegue ver uma imagem no seu olho mental.

A conexão visual explica o porque a memória pode ser aumentada ao converter anotações lineares de aulas em formatos visuais (veja o Capítulo 10) e, levando esta ideia além, ao converter as suas palavras-chave, símbolos e números das suas anotações de revisão condensadas em figuras também. Se estas figuras de palavras-chave forem então ligadas umas às outras, você consegue começar a formar pequenas histórias visuais — uma técnica de memória idealmente adaptada para a memorização de conteúdo para questões discursivas.

Encontrar ou construir, deliberadamente, padrões em suas anotações fortalece as associações entre ideias.

Os padrões permitem que seu cérebro associe informações relacionadas para formar um conceito. Até onde o seu cérebro sabe, os astrócitos (que compõem até 76% das suas células cerebrais) ficam de olho nas sequências neurais repetidas e, eventualmente, permitem que você preveja a informação entrando através dos seus sentidos. Você simplesmente "sabe" as coisas sobre um conceito e pode usar tal compreensão em contextos diferentes. Essa função da sua memória semântica explica por que os padrões o ajudam a lembrar das coisas. (Veja o Capítulo 4 para saber mais sobre a memória.)

A habilidade do seu cérebro de associar conceitos diferentes é o motivo pelo qual as rimas simples são ferramentas muito úteis de memória. Como você se lembra do número de dias em cada mês do ano? Talvez você use um verso rimado? Trinta dias têm setembro, abril, junho e novembro. O resto tem 31, exceto fevereiro... Você sabe o resto. (Para mais informações sobre a mnemônica, veja o Capítulo 12.)

Adicionando emoção

Adicionar emoção às suas imagens e figuras ajuda a melhorar a sua memória. Mas se o aprendizado e a memória funcionam fisicamente através de elos neurais, formando associações uns com os outros, por que a emoção faria alguma diferença?

A resposta está nas liberações neuroquímicas que ocorrem quando o que você está percebendo possui uma grande carga emocional. As ligações estão firmemente em suas rotas e os astrócitos, que só funcionam quimicamente, podem absorver a sequência neural mais rapidamente. Isto ajuda a passar a sua memória de curto prazo para a de longo prazo.

Os cientistas sabem hoje que o *nucleus basalis* dentro do sistema límbico do seu cérebro tem um papel na melhoria da memória. Esta área libera dois neurotransmissores químicos durante o aprendizado e o estudo estimulante; a *dopamina* dá uma sensação de prazer, agindo como uma recompensa por pensar desta maneira; e a *acetilcolina*, que ajuda a focar a sua atenção e, assim, aprimorar o seu aprendizado e sua memória.

Imagine isto

Para ver como o seu cérebro se lembra de palavras-chave, dê uma olhada nas palavras *amarelo*, *verde*, *vermelho* e *azul*.

Agora, pare um momento para pensar sobre a palavra *amarelo*. Se fosse pedido que você a memorizasse para uma prova, o que você se sente naturalmente propenso a fazer? Você pensa em um objeto amarelo — uma flor amarela, por exemplo? Neste caso, o seu cérebro processou a palavra amarelo visualmente. Ou, talvez, você viu o tamanho e a forma das letras na própria palavra? Ainda assim você pensou através de imagens.

Experimente este exercício novamente com a palavra *verde*. Qual construção de imagem você faz? Então faça o mesmo com vermelho e azul.

Para melhorar a sua habilidade de se lembrar dessas quatro cores, tente fazer o elo entre as quatro imagens. Adicione um pouco de ação, alguma emoção, e repita a sequência algumas vezes. E é isso — você melhorou dramaticamente a sua memória.

O truque agora é aplicar esta técnica em palavras-chave importantes. Experimente!

A melhor maneira de adicionar emoções às suas imagens é garantir que elas sejam estranhas, incomuns, ilógicas, sexy, grosseiras ou perigosas — qualquer pensamento que traga emoções quando você pensa nele. Encontrar formas de adicionar emoções a uma lista de 20 palavras-chave representadas em figuras não é difícil. Por exemplo, digamos que você queira memorizar os procedimentos de segurança de incêndios para uma prova dos bombeiros. Incêndios são perigosos, portanto, é mais provável que você se lembre dos procedimentos de segurança se construir o sentimento de medo nas figuras — talvez a sua segurança pessoal esteja em perigo quando um incêndio se alastra fora de controle?

Incorporando movimentos

Os pesquisadores às vezes dizem: "Os neurônios que se ativam juntos, trabalham juntos". Fortalecer as ligações no seu cérebro ao ativar muitos neurônios simultaneamente fortalece a sua retenção e relembrança da memória. (Eu falo sobre estas reações nos cinco princípios da aprendizagem descritos no Capítulo 2.)

Certificar-se que suas imagens provoquem uma resposta emotiva, aliado a dar a elas movimento e ação, libera mais atividade neural. Tanto a emoção quanto o movimento melhoram a memória.

 A melhor maneira de incorporar movimento é pegar as suas palavras–chave e as juntar formando uma história visual, que se passa como um filme interior na sua mente. Fazer o elo entre uma palavra–chave e outra fortalece as associações entre os neurônios. Aquelas associações que são mais relacionadas são mais fáceis de serem relembradas. Em outras palavras, você consegue lembrar coisas que são mais relacionadas, pois o seu cérebro, trabalhando através da associação, consegue fazer a ligação entre A+B+C+D e se lembrar da sequência. Por outro lado, o seu cérebro acha mais difícil pular de A para D se a associação entre eles for muito distante.

Fixando a memória no lugar

A memória humana é muito parecida com a memória de um computador, no sentido de que ajudaria se você pudesse criar um arquivo "Meus Documentos" na sua cabeça. Quando você tem um lugar para guardar informações, a sua busca para se relembrar é mais fácil pois o seu cérebro vai direto naquele arquivo.

Estes arquivos são, na verdade, apenas figuras preparadas, chamadas de *pinos de memória*, que você já memorizou e guardou. Os pinos de memória podem ser uma lista de itens aleatórios ou uma lista em sequência, como os cômodos da sua casa ou as partes do seu corpo. A ideia é que você guarde imagens das suas anotações condensadas das aulas nesses pinos de imagens e, através da associação ou conexões entre as figuras, a sua relembrança aumente.

Usar uma chave para acessar a memória boa (usando as listas de pinos) é uma mnemônica mais avançada. Eu falo sobre as listas de pinos no Capítulo 13. As listas de pinos podem ser comparadas às *tags* (marcações) usadas para localizar informações na memória de um computador.

Praticando para fortalecer a memória

Como a repetição ajuda a fortalecer as vias neurais no seu cérebro, o último passo no processo de revisão envolve praticar ou ensaiar — tanto de verdade, quanto no imaginário. (Para mais dicas sobre ensaios, veja os Capítulos 14 e 15).

Registrar informações na sua memória exige repetição. A memória humana de curto prazo, ou funcional, pode lidar com sete pedaços de informação, mais ou menos dois pedaços, em um dado momento, e retém esses pedaços de informação por volta de 20 segundos. A Figura 11-1 ilustra esse processo. É por isso que condensar grandes quantidades de informações em pedaços menores na forma de palavras-chave e praticar a sua relembrança delas é tão útil.

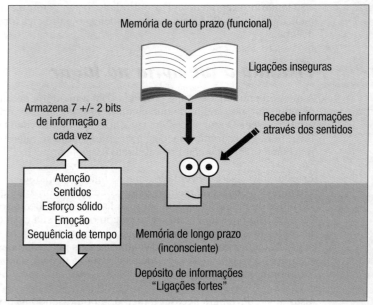

Figura 11-1: Como trabalham as memórias de curto prazo e longo prazo.

Através da repetição, você pode transferir e armazenar uma vasta quantidade de informações na memória de longo prazo. Mas somente a repetição fará isto — e a repetição que fizer uso de diferentes modalidades de sentidos. Faça o que puder para garantir que você veja, escute e sinta a informação. Usar o máximo de sentidos possíveis auxilia a sua retenção de memória, pois mais neurônios e astrócitos são ativados ao mesmo tempo. (Veja o Capítulo 2 para mais sobre os processos cerebrais.)

O pesquisador de memória do século XIX, Hermann Ebbinghaus, descobriu que a melhor hora para se relembrar (ensaiar) a informação é assim que possível após ela entrar na memória de curto prazo. Ele criou a curva de Ebbinghaus (como na Figura 11-2) para ilustrar que se você não revisar ou praticar uma nova informação ativamente dentro de um curto período de tempo, você a esquecerá.

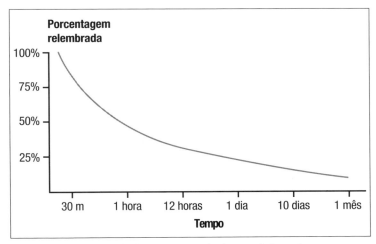

Figura 11-2: A curva de Ebbinghaus — a relembrança é dramaticamente reduzida sem a repetição dentro de 24 horas.

Para se lembrar de informações eficazmente, revise o material novo assim que for possível — preferencialmente dentro de 24 horas.

Os pesquisadores também descobriram que a memória parece ser mais forte no início e no fim de uma sessão de aprendizagem. Esse fenômeno é chamado de *efeito de primazia* e *efeito do mais recente*. Portanto, como mostra a Figura 11-3, é melhor estudar em pequenas sessões, dando à sua retenção da memória vários inícios e fins, ao contrário de um longo período de estudo que pode levar a um lapso de memória no meio. Tirar pequenos períodos para incubação (fazer muitos intervalos para descanso durante uma sessão de estudo) permite que as ligações neurais do seu cérebro fiquem mais estabelecidas.

Para ferramentas específicas de memória que você pode usar para aumentar a sua memória, levando em conta estes fatores, veja os Capítulos 14 e 15.

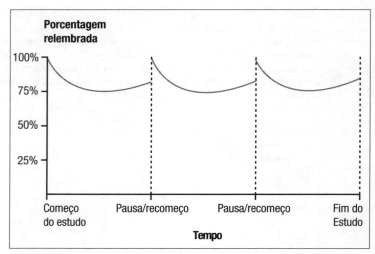

Figura 11-3: Medindo os efeitos de primazia e do mais recente. É melhor fazer várias pequenas sessões de revisão do que uma sessão longa.

Capítulo 12

Usando a Mnemônica: Técnicas Simples de Memorização

Neste Capítulo

▶ Memorizando do modo tradicional

▶ Usando os auxílios de memória para reter informações

*Q*uando você entende como a memória funciona (explicado no Capítulo 11), você consegue aplicar diferentes técnicas de memorização para relembrar rapidamente anotações de revisão condensadas.

Este capítulo oferece uma variedade de ferramentas básicas da mnemônica, ou ferramentas de memória, para ajudá-lo a acelerar a retenção da memória. Usar qualquer uma destas mnemônicas simples pode fazer a diferença na sua retenção de memória e, eu espero, lhe poupará muito tempo ao evitar a memorização tipo decoreba (repetitiva).

Se você estiver buscando reter informação para uma prova do ensino médio, uma prova da faculdade, ou uma prova profissional, neste capítulo é provável que você encontre uma técnica que se encaixe bem com os processos do seu cérebro, e que retenha melhor a informação.

A Aprendizagem Mecânica

A forma tradicional de aumentar a memória envolve a repetição, e você talvez descubra que a sua estratégia original de memorização é ler e reler as suas anotações até que sinta que reteve aquela informação. Isto é chamado de *aprendizagem mecânica* e, em alguns casos, ela pode ser eficaz. Por exemplo, você provavelmente aprendeu a memorizar a tabuada através da aprendizagem mecânica, praticando várias vezes. Você agora consegue relembrá-la sem muito esforço através da memória.

A aprendizagem mecânica requer um longo tempo. Quando você tem que lidar com várias matérias de provas ou atividades além de revisar para a prova, você precisa de maneiras que possam acelerar o processo de retenção.

Memorizando Através da Mnemônica

As *mnemônicas* básicas são auxiliares de memória que fornecem uma maneira fácil e rápida de construir a retenção e a relembrança da sua informação. Elas funcionam através da associação de construções facilmente relembráveis que você possa relacionar com a informação que requer a retenção. Algumas das mnemônicas mais comuns incluem usar acrônimos e acrósticos, mapas, música, gravações de voz, fichas, interpretação e planilhas.

Agrupando as primeiras letras: Os acrônimos

Os acrônimos são uma das técnicas mais comuns de mnemônica que as pessoas usam para ajudar a relembrar informações. Um *acrônimo* pega a primeira letra de um grupo de palavras-chave para formar uma nova palavra. Por exemplo, as primeiras letras dos grandes lagos da América do Norte — Huron, Ontario, Michigan, Erie e Superior — juntos formam a palavra HOMES.

Se você precisar relembrar uma série de informações em cada nome de lago, você pode literalmente condensar toda a informação no acrônimo HOMES, para que fique mais fácil de se lembrar. Para fazer isto, você simplesmente expande a mnemônica com imagens, movimento ou emoções (veja o Capítulo 11), para que HOMES se

Capítulo 12: Usando a Mnemônica 167

Acrônimos comuns

Você já deve usar estes acrônimos comuns na sua vida cotidiana:

- 3M: Minnesota Mining and Manufacturing
- CD-ROM: Compact Disc Read-Only Memory
- JPEG: Joint Photographic Experts Group
- SCUBA: Self-contained underwater breathing apparatus
- VISA: Visa International Service Association
- W3C: World Wide Web Consortium

---

torne significante. Por exemplo, se você criar uma imagem na sua cabeça, você pode visualizar a sua própria casa[1] flutuando sobre cinco poças (representando simbolicamente os cinco lagos), e conforme a casa encosta em cada poça você se relembra dos nomes: H para Huron, O para Ontario, M para Michigan, e assim por diante.

Você pode criar acrônimos de outras maneiras. Por exemplo, se você tiver uma série de palavras-chave com as mesmas iniciais, você pode agrupá-las com um número. Assim sendo, o acrônimo 3M significa Minnesota Mining and Manufacturing (veja a caixa "Acrônimos comuns" para outros exemplos).

Você também pode cunhar novas palavras ao inserir vogais entre consoantes. Por exemplo, se você estiver memorizando os três fatores essenciais nas teorias econômicas que influenciaram o trabalho e a carreira das pessoas — as teorias do Fordismo, Welfarismo (teoria do bem-estar social) e Keynesiana (Keynesianismo) — você pode pegar o F, W, K e inserir um 'or' entre cada letra formando **For WorK**[2].

Você também pode usar um software para criar acrônimos. Dê uma olhada no AcroMaker em www.acromaker.com ou procure uma ferramenta alternativa ao digitar as palavras gerador de acrônimos em um mecanismo de busca.

---

[1] N.E.: Como casa em inglês é home, isto facilita a associação com HOMES.

[2] N.E.: As palavras formadas pelo acrônimo For Work significa, em inglês, Para o Trabalho, que associa as teorias econômicas ao trabalho das pessoas.

Pegue um grupo de palavras-chave de suas anotações agora e pratique formar acrônimos. Quer você esteja na escola, na faculdade ou se preparando para uma prova profissional, esta técnica é muito eficaz quando se trata de ajudá-lo a relembrar os fatos.

Rimando com os acrósticos

Os acrósticos são parecidos com os acrônimos, só que eles não tentam formar uma única palavra. Um acróstico pega as primeiras letras de um grupo de palavras-chave para criar palavras que podem ser desenvolvidas em uma história visual e, em alguns casos, até em uma rima. Por exemplo, você deve ter aprendido um acróstico para se lembrar dos nomes dos planetas no sistema solar — Mercúrio, Vênus, Terra, Marte, Júpiter, Saturno, Urano e Netuno. O acrônimo que eu aprendi é: Minha Vó, Traga Meu Jantar: Sopa, Uva e Nozes.

Os acrósticos o ajudam a relembrar as primeiras letras das suas palavras-chaves, solicitando que você se lembre da palavra inteira. Da mesma forma, é mais provável que você se lembre das primeiras letras de um grupo de palavras-chave se transformá-las em imagens ativas com emoções — em outras palavras, uma história visual.

Os acrósticos são úteis para memorizar conteúdo e frases para redações. Por exemplo, para ajudá-lo a memorizar uma série de frases em uma prova, selecione a primeira letra de cada linha na frase para produzir um grupo de letras, então transforme cada letra em uma afirmação, cantiga, ou rima — o seu acróstico. Use o acróstico para ajudá-lo a se lembrar de cada linha na frase ao escrever as letras nas margens.

Assim como um poema, a lembrança de um acróstico pode ser mais aperfeiçoada ainda quando você rima as palavras ou as figuras que está usando. A rima é, na realidade, um *padrão auditivo* que permite que você preveja, e a sua memória gosta de prever padrões!

Os acrósticos também são úteis nas matérias de Ciências, que geralmente requerem que você memorize muitas informações técnicas. Por exemplo, se estiver estudando Biologia, você talvez precise saber dos nomes dados às diferentes partes da neurologia do cérebro. Anote as palavras-chave, como mostra a Figura 12-1, e então crie um acróstico a partir das primeiras letras. Você pode então criar uma imagem estranha para cada letra e unir as figuras em uma história visual ativa e emotiva.

Capítulo 12: Usando a Mnemônica   *169*

Mielina, Dendrito, Neurotransmissor, Fascículo,
Corpo celular, Sinapse, Axônio

Meu Dentista Não via Forte Célia Sem Mexer As mãos

Uma imagem de meu dentista e sua forte
paciente Célia, que gesticulava constantemente,
enquanto estava sendo tratada.

Figura 12-1: Transformando um acróstico em uma história visual.

Criando rimas

Faça pequenos slogans rimados para se lembrar de informações — por exemplo, os professores de história nos países americanos de língua inglesa usam a rima: "Em mil quatrocentos e noventa e dois, Colombo navegou por mares pois." É fácil criar as suas próprias rimas. E quanto mais estranhas e incomuns elas forem, mais fácil será de você lembrar-se delas.

Lembrando através de mapas

Se você se considera uma pessoa altamente visual, que enxerga imagens no seu olho mental com muita facilidade, pode ser que você ache fácil memorizar anotações formatadas visualmente ao simplesmente olhá-las repetidamente.

O primeiro passo é converter as suas anotações lineares de aulas em um formato visual, mapeando ou criando mapas conceituais ou mapas de rota discursiva (eu descrevo como usar estas técnicas de mapeamento no Capítulo 10). Após transformar suas anotações em um formato visual, pratique escrever seus mapas usando a memória. Através da repetição, você os transferirá da memória de curto prazo para a de longo prazo.

Usando a música para memória

Você provavelmente já deve ter notado que, quando escuta uma música que você costumava ouvir há muito tempo, ela desencadeia memórias associadas com o que você estava fazendo naquele tempo. Você se lembra de todo tipo de imagens e sentimentos. Esta associação usa a inteligência musical/rítmica.

O seu corpo também tem a tendência de se sincronizar com a música. Quando você ouve música clássica barroca, você escuta a música em 56 a 64 batidas por minuto. A sua frequência cardíaca se iguala a esta batida e o seu corpo naturalmente entra em estado alfa — o estado de relaxamento ideal para aprendizagem e retenção da memória. (Para mais informações sobre o estado alfa, veja o Capítulo 5.)

Duas técnicas específicas que envolvem o uso de música para retenção da memória são chamadas de *concerto ativo* e *concerto passivo*:

- Um *concerto ativo* envolve a música barroca tocando ao fundo, enquanto alguém lê ativamente o texto que você está estudando. Você foca nas palavras da pessoa e deixa que a música o relaxe.

- Em um *concerto passivo*, você se senta em uma posição relaxada com os olhos fechados, focando na música enquanto o texto é recitado suavemente abaixo da música. A música leva a informação à sua memória mais facilmente pois você está em um estado relaxado.

Tente gravar o seu próprio concerto ativo ou passivo e toque-o várias vezes, preferencialmente logo antes de dormir ou quando está acordando pela manhã. É claro, você também pode ouvir a gravação no carro, no caminho para escola, faculdade ou trabalho — mas não feche os olhos!

Fazendo gravações de voz

Se você sabe que o seu cérebro processa informações predominantemente através do canal auditivo (veja o Capítulo 3), uma boa maneira de colocar as suas anotações condensadas na memória é criando uma gravação de áudio. Tente recitar as suas anotações em voz alta, gravando sua voz em um gravador de áudio e então, conforme a data da prova se aproxima, escute as suas anotações faladas o máximo de vezes que puder.

Criando fichas

Colocar as suas palavras em pequenos cartões em branco, com a informação condensada na parte de trás, é outra técnica simples de ensaio de memória. Usando o princípio de repetição da memória, você olha a palavra-chave e relembra as informações associadas antes de virar a ficha e checar se estava certo.

Trabalhe com as fichas uma de cada vez, colocando aquelas que você não acertou em uma pilha separada. Volte a essa pilha após terminar a primeira rodada. Através de tentativas e erros, em pouco tempo, você passará a informação correta para sua memória de longo prazo.

O uso das fichas é uma ótima abordagem cinestésica (física) para relembrar ou ensaiar informações, pois as fichas são uma forma prática de fazer você sentir e se movimentar, ensaiando enquanto fala em voz alta as respostas das palavras-chave nas fichas.

Você pode fazer as suas próprias fichas online. Dê uma olhada neste ótimo site: www.flashcardmachine.com.

Para acelerar um pouco as coisas, tente construir um dispositivo de visualização cortando o fundo de uma pequena caixa, fazendo cortes nos lados e passando as fichas através dos cortes, de um lado para o outro, uma de cada vez. Tente relembrar a informação à medida que a ficha aparece através do fundo da caixa. Pode parecer bobeira, mas isso ajuda a aumentar o processamento neural do seu cérebro. Talvez você possa inventar outras formas cinestésicas para demonstrar as suas anotações de aula ou de revisão.[3]

Você também pode ordenar as suas fichas em cores por assunto, para aumentar o seu processamento neuro visual. Por exemplo, se você precisa memorizar informações importantes sobre os termos do Tratado de Versalhes no fim da Primeira Guerra Mundial, você poderia fazer cinco fichas amarelas, cada uma com uma palavra-chave, em um lado descrevendo o termo do tratado, e informações extras no lado oposto. Essa minitabela mostra a informação que você pode escrever nas suas fichas amarelas para este assunto. O próximo assunto pode ser em fichas vermelhas; o próximo em azul, verde e assim por diante.

---

[3] N.E.: Por exemplo, gravando um arquivo Powerpoint, com todas as fichas, apresentando para cada uma delas primeiro o slide com a palavra-chave e, em seguida, outro slide com as anotações. Ao apresentar uma palavra-chave, tente lembrar suas anotações e, logo depois, confira passando para o próximo slide.

Palavra-chave da ficha	Informação extra (no verso)
Culpa da guerra	Alemanha tem de aceitar a culpa por ter começado a guerra.
Reparações	Pagar €11.3 bilhões.
Territórios e colônias	Alsácia-Lorena. Corredor polonês. Saarland. Nenhum império no exterior. Anschluss proibida.
Forças armadas	100.000 homens. Recrutamento banido. Nenhum veículo armado, seis navios de guerra. Renânia desmilitarizada.
Liga das Nações	Força policial internacional. Alemanha não é convidada.

Interpretando

Outra mnemônica cinestésica que auxilia na retenção da memória é a atuação. Recite o que estiver estudando em voz alta, explorando as suas anotações através de movimentos e sentimentos, usando seus braços e mãos de maneiras criativas no espaço à sua frente. Finja que está ensinando o tópico para uma classe imaginária.

A informação se associa não só no seu cérebro, mas também no seu corpo inteiro.

Você pode interpretar facilmente qualquer assunto que esteja aprendendo — como o Tratado de Versalhes que mencionei na seção anterior. Você não precisa necessariamente usar as fichas, no entanto. Simplesmente ler um mapa conceitual pode incitar a sua memória à medida que você se mexe ao explicar o material. Tente fazer isso sozinho ou com alguns amigos. Você pode até achar divertido, e a diversão libera as neuroquímicas da felicidade, úteis também para a retenção da memória.

Usando planilhas

Descobrir que colocar palavras-chave em uma planilha aumenta a sua memória pode lhe surpreender — assim como aconteceu comigo. A razão pela qual isso me surpreendeu foi porque ela é incrivelmente eficaz.

Capítulo 12: Usando a Mnemônica

Como os meus estilos de aprendizado e raciocínio são bastante lógicos e sequenciais (veja o Capítulo 3 para ver como você aprende melhor), eu decidi inserir um ano inteiro de anotações de revisão em linhas e colunas de uma planilha. Através de uma mistura de acrósticos e repetição, eu memorizei os padrões verticais e horizontais exibidos na planilha e fiquei impressionado com os resultados. Eu consegui me lembrar de tudo com facilidade. Na hora da prova, eu me certifiquei de que cada palavra-chave (representando um pedaço de informação) cobriria as questões da prova, fossem elas múltipla escolha, pequenas respostas, ou redações. O resultado foi uma nota 10, a nota mais alta da turma!

Uma planilha traz os princípios de imagens/padrões da memória. Por exemplo, se a primeira coluna da planilha tem cinco fileiras horizontais, use um acróstico (veja a seção "Rimando com os acrósticos" mais cedo nesse capítulo) para criar uma história visual com cinco palavras-chave. Isso age como uma âncora para a informação, e forma os pinos para cada palavra-chave que se segue nas fileiras.

A Tabela 12-1 mostra uma planilha usada para memorizar as palavras–chave comuns da inércia rotacional das formas geométricas comuns em uma prova de Física. Você poderia usar uma mnemônica para colocar a primeira coluna no papel e então, através da repetição, memorizar cada fileira horizontalmente, uma de cada vez. A mnemônica nesta planilha poderia então ser lembrada através de uma rima. Tente falar em voz alta "CO-2CS-EO-ES," com um tom ritmado, enquanto estala seus dedos no tempo da batida.

174 Parte IV: Relembrando Através de Figuras e Padrões

Tabela 12-1	Planilha para Prova de Física		
Acróstico Mnemônico	*Formas*	*Ângulo de Rotação*	*Fórmula*
CO	Cilindro oco	Um eixo ao longo do centro	$I = mr^2$
CS	Cilindro sólido (uma roda sólida, por exemplo)	Um eixo ao longo do centro	$I = 1/2\ mr^2$
CS	Cilindro sólido (uma roda sólida, por exemplo)	O seu ponto final	$I = 1/3\ mr^2$
EO	Esfera oca	Um eixo através do seu centro	$I = 2/3\ mr^2$
ES	Esfera sólida	Um eixo através do seu centro	$I = 2/5\ mr^2$

Capítulo 13

Sintonizando a Sua Memória: Técnicas Visuais Avançadas

Neste Capítulo

▶ Criando imagens usando os métodos de localização e de história
▶ Lembrando de números, fórmulas e equações
▶ Ligando imagens para memorizar conteúdo de questões discursivas
▶ Determinando quais técnicas de memória se adaptam melhor a você

*P*esquisadores descobriram que a memória humana é aumentada quando a informação é marcada em um lugar específico e físico. Quando você cria os pinos de imagens (ou marcações de imagens) na sua mente, como uma pasta de arquivos "Meus Documentos" em um computador, a sua memória pode escanear o seu armazenamento e encontrar a informação que você deseja. Neste capítulo, eu lhe mostro como usar as técnicas de associação visual para se relembrar de muitos tipos diferentes de conteúdo. Tais técnicas de memória requerem um local de armazenamento pré-arranjado — simplesmente outras construções de imagem na sua mente —, ou são ligadas umas às outras como uma corrente, formando uma história visual. Eu forneço exemplos usando conteúdos diferentes para que você possa usar essas técnicas para se lembrar de qualquer conteúdo de prova.

Desenvolvendo Técnicas de Associação Visual

As *técnicas de associação visual* expandem além da mnemônica básica ao aumentar a maneira em que a memória consegue fazer associações. (Veja o Capítulo 12 para informações sobre a mnemônica.) Isto significa que a sua informação pode ser conectada à imagens de pinos de memória pré-arranjados, que pode ser um lugar familiar (usando o método de localização), ou conectadas umas com as outras (usando o método de história). Eu demonstro como usar estas técnicas de associação nas próximas seções.

Armazenando imagens por localização

O *método de localização* é uma técnica de associação visual que é eficaz para memorizar informações coletivas. Se você precisa lembrar os nomes de países no mediterrâneo para uma prova de Geografia ou História, por exemplo, use o método de localização para fazer a ligação entre imagens mentais e objetos familiares nos cômodos da sua casa.

Por exemplo, a Grécia poderia ser visualizada como a graxa[1] no concreto da sua garagem; A Turquia poderia ser um peru[2] assado na geladeira da cozinha; Israel poderia ser um corrimão[3]. Deu para entender? Agora, tudo o que você precisa fazer é pensar na imagem e o nome do país virá à sua mente. O objeto familiar é o pino que traz a informação associada de volta para sua memória.

Você pode se surpreender com a sua habilidade de relembrar informações usando este método. Tire alguns minutos para criar uma imagem pino fazendo o seguinte exercício:

Feche os olhos e pense em cinco cômodos na casa onde vive atualmente. No seu olho mental, veja-se andando pelos cômodos e percebendo quatro objetos em cada cômodo. Repita a sequência três vezes, tentando imaginar o máximo de detalhes possível.

Se não conseguir as imagens na sua cabeça, diga os nomes dos objetos para si mesmo como se estivesse vendo-os em sua mente. Por

---

[1] N.E. – A palavra Grease (graxa) em inglês tem um som parecido com o da palavra Greece (Grécia).

[2] N.E. – Turkey, em inglês, significa tanto o país (Turquia), como a ave (Peru).

[3] N.E. – A palavra corrimão (rail) em inglês tem um som parecido com o da palavra Israel.

Capítulo 13: Sintonizando a Sua Memória 177

exemplo:"Eu estou na cozinha, a pia está à direita, mais o forno, a geladeira e a fruteira.".

Você pode associar os pinos de memórias com as palavras-chave que precisa se lembrar.

Agora, imagine que os seguintes 20 itens sejam palavras-chave relacionadas ao conteúdo e frases que você selecionou para uma redação que analisa um livro sobre um famoso time esportivo:

747	Traves do gol	Pênalti	Chuteira
Inglaterra	Juiz	Barreira	Grama
Equipe esportiva	Apito	Torcida	22
Capitão	Lateral	Homem Pelado	Campo
Estádio	Técnico	Cachorro	Tentativa

Como você já associou quatro objetos nos cinco cômodos da sua casa, você pode agora designar um grupo de quatro palavras-chave aos objetos em um cômodo. Visualize cada palavra como uma imagem estranha, ilógica ou exagerada em cada cômodo da sua casa. Quanto mais incomuns forem as suas imagens, melhor. Imagens engraçadas ou exageradas produzem fortes emoções, e as emoções fortalecem a sua retenção e relembrança da memória. Por exemplo:

Um avião modelo 747 voa através das janelas abertas da cozinha e pousa na pia. A bandeira Union Jack[4] (a sua imagem para a Inglaterra) está pendurada sobre o forno. Uma equipe esportiva em miniatura sai de dentro da geladeira. Um homem com Capitão estampado em sua camisa sai de dentro da fruteira.

Você então imagina o próximo cômodo e designa as próximas quatro palavras-chave aos objetos naquele cômodo. Continue associando quatro palavras-chave com objetos até que complete as 20 palavras-chave.

Gaste não mais do que cinco minutos criando as suas imagens de palavras-chave e as atribuindo a cada cômodo. Quando terminar, pegue um pedaço em branco de papel e tente relembrar a lista primeiro ao entrar no cômodo na sua mente e ver as imagens que você associou a elas.

---

[4] N.E. – Union Jack é o nome da bandeira do Reino Unido.

Ligando as imagens na sua mente

Ao usar a imaginação, você pode criar imagens para todas as suas palavras-chave, e então ligá-las umas às outras (em vez de associá-las com pinos de imagens separados) para criar uma história visual. Isto é chamado de *método de história*, e ele usa muitos componentes essenciais que criam memórias fortes — imagens vívidas que sejam emocionais, ilógicas e altamente ativas.

 O método de história é uma ótima técnica que pode ser adaptada para se encaixar em questões discursivas similares. Por exemplo, o método de história é facilmente aplicado à lista de exemplos de 20 itens usada no método de localização na seção anterior.

Agora, em vez de criar cinco pinos de imagens, crie um pino — por exemplo, um móvel no seu quarto — como ponto inicial. Então encadeie uma imagem à outra usando a sua imaginação para criar uma história. Se a janela aberta da sua cozinha é o seu pino de imagem, pense nisto e então acople o seu avião entrando.

O avião pousa na bandeira que está em cima da geladeira. A porta do avião se abre e uma equipe esportiva em miniatura sai de dentro dele, liderada pelo seu capitão. Todos eles pulam em um enorme bolo de casamento de várias camadas que representa o estádio, com duas grandes velas (as traves do gol)... e assim por diante.

Entendeu a história? Para usar a sua história para relembrar informações para uma questão discursiva em uma prova, veja "Lembrando Conteúdos de Questões Discursivas", mais tarde neste capítulo.

Criando uma lista de pinos de memória

Você pode usar quantos itens familiares quiser, e transformá-los em uma lista de pinos de memória[5]. Você pode criar uma lista de pinos usando os móveis da sua casa ou as salas da escola ou do trabalho, ou você pode preferir usar as partes do corpo. Cada item é um local onde você cria a sua lista de pinos.

---

[5] N.E. – A expressão pinos de memória, neste caso, pode ser associada àqueles pinos, alfinetes ou marcadores que são espetados em mapas ou quadros demonstrativos, para facilitar a localização de algo.

Capítulo 13: Sintonizando a Sua Memória **179**

Por exemplo, para criar uma lista de pinos de memória usando o seu corpo, observe todo o seu corpo em sequência começando nos seus dedos do pé e subindo até a cabeça — joelhos, coxas, bumbum, barriga, peito, e assim por diante.

Se você não quiser usar o seu corpo todo, tente criar imagens de pinos de memória usando os dedos na mão que você não usa para escrever. Você pode encadear histórias completas para cada dedo, dando, a cada uma, uma imagem pino. Em outras palavras, você poderia memorizar 20 pedaços de informações e atribuí-lo à imagem pino do seu dedão (o gesto de positivo com o dedão). Atribua outros 20 para o seu indicador e use a imagem de você lambendo este dedo como a sua imagem pino, e assim por diante.

As seguintes sugestões são exemplos de pinos para a sua mão inteira, mas sinta-se livre para criar os seus próprios:

- **Dedão:** Imagine o dedão para cima fazendo sinal de positivo.
- **Dedo indicador:** Imagine-se lambendo o dedo indicador para virar as páginas de um livro.
- **Dedo médio:** Imagine-se segurando uma caneta multicolorida entre seu dedão e o seu dedo médio, enquanto escreve com fervor.
- **Dedo anelar:** Imagine um diamante do tamanho de uma bola de golfe no seu dedo anelar, enquanto leva suas mãos para o céu.
- **Mindinho:** Imagine-se segurando o seu dedo mindinho e levando-o aos seus lábios, como se estivesse falando em um celular invisível.

Agora que você tem as suas cinco imagens pino, quais informações você poderia atribuir a elas? Você poderia atribuir as 20 palavras–chave sobre a equipe esportiva (veja "Armazenando imagens por localização", mais cedo neste capítulo) a um dedo:

> Você faz o gesto de positivo com o dedão em direção ao céu (usando a imagem pino do seu dedão), logo que o avião miniatura passa. Ele pousa na bandeira que está pendurada na geladeira. A porta do avião abre e a equipe miniatura sai dele, liderados por seu capitão...

Agora pratique usar a sua primeira imagem pino. Conforme você se lembra das imagens doidas na história atribuída ao seu dedão, escreva as palavras-chave associadas até que você tenha todas as 20 na sua frente.

Todas essas informações estão atribuídas à sua imagem pino do dedão e você ainda tem mais quatro dedos pinos que pode usar para outras informações!

Mais tarde, quando você estiver sentado na prova, você simplesmente se lembra da história ao levantar cada dedo e ver a primeira imagem pino que vem em mente. Não é legal?

Criando Imagens Simbólicas

Às vezes, é difícil pensar em uma imagem para as palavras que você tem que memorizar. Duas maneiras de lidar com isso são:

- ✔ Quebrar a palavra em sílabas e tentar criar imagens de cada sílaba para ligá-las.

- ✔ Usar imagens que soam iguais às palavras ou imagens simbólicas. Estas imagens não precisam ser uma tradução literal da palavra.

Por exemplo, na Química, o Estrôncio-90 é um radioisótopo usado em fontes de energia nuclear. Uma imagem parecida poderia ser uma camiseta com a palavra *estrôncio* e o símbolo de energia nuclear, vestida por um velho de 90 anos.

Nas seções seguintes, eu incluo mais maneiras de se lembrar de coisas complicadas.

Lembrando de palavras incomuns, estrangeiras ou grandes

Você já pensou em dar um sentido às palavras estrangeiras para que se lembre facilmente delas? A técnica da *palavra substituta* é uma maneira eficaz de aprender e se lembrar do vocabulário de uma língua estrangeira. Pegue uma palavra estrangeira — por exemplo, a palavra alemã para "pasto" é *Wiese* (pronunciada como *visa em português*). Obviamente, a palavra substituta é visa, e para se lembrar da palavra você poderia simplesmente se imaginar segurando orgulhosamente um cartão grande e dourado da Visa para um corretor imobiliário, ao decidir comprar um grande pasto à sua frente.

Faça as suas palavras/imagens serem o mais ridículas possível. Quanto mais exageradas elas forem, mais chances você terá de se lembrar delas.

Você pode aplicar a mesma técnica para se lembrar de palavras que não conheça na sua própria língua. Por exemplo, a palavra inebriar significa "embebedar-se, embriagar-se". Para se lembrar da palavra, você poderia imaginar um pedaço de queijo brie (soa como inebriado) em um bar sendo consumido por uma pessoa bêbada.

Lembrando números usando a associação visual

Você pode se lembrar de números usando imagens também. Você pode memorizá-los usando imagens com som parecido, como 0 = Quero, 1 = Atum, 2 = Arroz, 3 = Chinês, e assim por diante. A outra opção é usar uma imagem simbólica. Por exemplo, 0 parece um anel, portanto você poderia imaginar um anel em um dedo; 1 parece com um tronco de árvore; e 2 poderia ser um interruptor, pois um interruptor de luz tem duas configurações — ligado e desligado.

Pegue um pedaço de papel em branco e gaste alguns minutos fazendo suas próprias figuras para os números de 0 a 9, e então pratique relembrar das imagens que associou a cada número pelo menos três vezes — assim, você não se esquecerá delas.

Para se lembrar de datas, pegue os últimos dois números, e os una em cadeia visualmente. Por exemplo, na história europeia, o Tratado de Versalhes no fim da Primeira Guerra Mundial foi assinado no dia 28 de junho de 1919. Para se lembrar desta data usando imagens pré–arranjadas com sons parecidos, associe-as ao encadeá-las formando uma história.

Primeiro, designe as imagens aos números importantes:

> 2 = arroz, 8 = biscoito, junho = um homem chamado Junior, 1 = atum, 9 = chove.

Você não precisa se lembrar do 19 representando o século, apenas o 19 do ano. A sua história visual poderia ser:

> Durante a **guerra**, na cozinha do restaurante com um grande letreiro escrito "**Versalhes**", travessas com **arroz** e **biscoito** são levadas por um cozinheiro chamado **Junior**, que come **atum** sempre que **chove**.

A sua história pode relembrar todos os elementos que você precisa se lembrar — Versalhes, a guerra e a data do Tratado (guerra, Versalhes, dois, oito, junho, um, nove).

Lembrando fórmulas científicas

Você também pode se lembrar das fórmulas científicas ou equações matemáticas usando as técnicas de imagens. Por exemplo, dê uma olhada nestas associações:

- **2b**: Imagine a logomarca do Banco do Brasil (BB).
- **Símbolo de multiplicação** (x): Imagine um relógio.
- **Símbolo de soma** (+): Imagine uma cruz.
- **Raiz quadrada**: Imagem de uma raiz de árvore com uma copa quadrada.
- **Símbolo Pi** (valor do perímetro sobre o diâmetro do círculo): Imagine uma criança fazendo pipi.
- **n**: Imagem de nota/moeda com o símbolo do iene (¥).
- **Chaves** ({): Uma imagem de um arco para flecha (imagem parecida).
- **=**: Imagem de lata de Pepsi (igual).
- **<**: Imagem de placa de trânsito (-) vire à esquerda.
- **>**: Imagem de placa de trânsito (-) vire à direita

Estes símbolos, usados em equações, podem criar imagens que, se unidas em cadeia, podem criar uma interessante história visual. Por exemplo, para ilustrar uma sequência em Cálculo, a equação {xn} n≥1 será usada. Uma história visual poderia ser um relógio ao lado de uma nota de iene. Em cada lado do relógio e da nota estão arcos para flecha: {xn}. À direita deste conjunto, outra nota de iene, uma placa de trânsito vire à direita, uma lata de Pepsi, e o número 1: n≥1.

Quanto mais ridícula for a sua história, melhores serão suas chances de se lembrar dela.

Relembrando Conteúdo de Questões Discursivas

Nem todos os professores concordam que memorizar redações para questões discursivas em provas seja uma boa ideia. A principal razão é que os alunos que memorizam redações podem descobrir que as questões na prova não se encaixam com o que memorizaram.

Capítulo 13: Sintonizando a Sua Memória 183

Ao combinar o método de história (explicado mais cedo neste capítulo) e o mapeamento de rota discursiva (veja o Capítulo 10), você pode preparar informações bastante específicas que podem ser usadas para responder várias questões discursivas de uma prova. Esta abordagem é muito mais eficiente e eficaz do que escrever um monte de redações simuladas — a abordagem comum do aprendizado automático.

Quando você tiver preparado e escrito uma redação ampla descrevendo o que você acha que possa ser adaptado para se encaixar em uma variedade de questões na prova, pegue as palavras-chave de cada parágrafo e faça um novo mapa de rota discursiva, escrevendo as palavras-chave em sequência desde a introdução até a conclusão.

Por exemplo, imagine que você precise escrever sobre a peça *Otelo*, de Shakespeare. A Figura 13-1 mostra as palavras que você pode usar para discursar sobre o personagem, Otelo, como um nobre protagonista.

O próximo passo é usar o método de história para memorizar as palavras-chave em sequência, associando visualmente cada palavra/imagem de um ponto ao outro, e criando uma história estranha usando as palavras. (Repare também no acrônimo 4D na introdução, que contém os temas de cada seção do corpo da redação.) Então, com as palavras-chave da primeira seção, una-as em cadeia. Otelo (em Nobre Serviço) ajuda um velho cachorro ("trago minha vida...") e um homem (Brabâncio) a atravessar a rua. O homem tropeça no cachorro e grita com raiva, mas Otelo tenta acalmá-lo (não violento). O homem puxa a sua espada, que brilha com os raios de sol ("levantem suas brilhantes espadas") e assim por diante.

Pratique a sequência de palavras/imagens em voz alta de três a sete vezes para fortalecer as suas associações neurais.

Você consegue ver como a história começa a ligar todas as imagens de palavras-chave juntas? Para aplicar o método de história ao seu conteúdo de redação, você usa a sua imaginação de outra maneira. Mesmo que você ache isso difícil no início, um pouco de perseverança compensa muito — você verá que o método é fácil e lhe poupa horas de memorização de conteúdo de redação através do aprendizado automático.

Na prova, você pode desenhar rapidamente o mapa de rota discursiva no espaço fornecido para o planejamento da redação e escrever as palavras-chave para se relembrar do seu plano de redação. Você deve então ser capaz de escrever a redação por inteiro — de memória!

Figura 13-1: Um mapa de rota discursiva escrito à mão para uma prova de literatura, mostrando as palavras-chave que podem ser memorizadas em sequência usando o método de história.

---

[6] N.E. - 4D, porque a palavra Morte, em inglês, também começa com D (Death).

Aplicando Técnicas de Aumento de Memória

Você precisa exercitar quais técnicas de memorização funcionam melhor para você. O melhor jeito é experimentando-as.

Comece praticando as mnemônicas (discutidas no Capítulo 12) assim que possível para que possa aplicar facilmente as técnicas nos conteúdos das matérias quando a época de provas estiver se aproximando. Quando começar a ver os resultados conforme vai brincando com as técnicas de memorização, a sua autoconfiança e motivação melhorarão.

Pegue algumas anotações de estudo que você saiba que tem que memorizar para as provas que estão se aproximando. Então, com uma caneta e uma folha em branco, pratique memorizar as informações usando as técnicas descritas neste capítulo e no Capítulo 12.

Após escolher as suas palavras-chave, use a Tabela 13-1 para selecionar a mnemônica que se encaixe nos pontos fortes do seu estilo de aprendizagem — a maneira com que seu cérebro está naturalmente programado para pensar (veja o Capítulo 3). Tente também usar algumas mnemônicas não familiares, para que você possa programar novas maneiras de seu cérebro processar informações.

Tabela 13-1	Escolhendo a Mnemônica
Seu Estilo Primário de aprendizagem	*Mnemônicas a serem usadas*
Visual, verbal	Acrônimos
Verbal, auditivo	Acrósticos
Visual, lógico	Mapas
Verbal, auditivo	Rimas
Auditiva, verbal	Música ou gravações de voz
Cinestésica, visual	Fichas (codificadas por cor)
Cinestésica, verbal	Interpretação
Visual, lógico	Planilhas

186 Parte IV: Relembrando Através de Figuras e Padrões

Finalmente, dê mais uma olhada neste capítulo para ver exemplos de maneiras diferentes que você pode marcar com um pino de imagens, usando o método de localização, ou as imagens em cadeias, usando o método de história. Estas são técnicas poderosas que realmente funcionam, mas você precisa saber como incorporar o seu conteúdo em cada um ou nos dois métodos simultaneamente. Isto leva um pouco de tempo e esforço inicialmente, mas quando dominar estes métodos, você poupará muito tempo a longo prazo. Experimente eles agora!

Parte V

Ensaiando para a Relembrança e o Desempenho

Cinco Estratégias para Ensaiar para Relembrança e Desempenho

- Pratique relembrar as informações a partir das suas anotações de estudo contendo as palavras-chave extraídas de suas anotações de aula.
- Ensaie a sua relembrança de maneiras que usem os seis princípios da memória.
- Mantenha em mente a abordagem ASSET de aprendizagem, à medida que pratica relembrar as suas anotações de estudo.
- Escreva e grave um roteiro mental de ensaio para ajudá-lo a visualizar o seu desempenho no dia da prova.
- Não tenha medo de buscar ajuda profissional se o seu nervosismo com as provas estiver consumindo todo o seu potencial.

Nesta parte ...

- Explore como relembrar as suas anotações de maneira que aumentem a sua memória.

- Descubra como organizar melhor o seu tempo nos dias antecedentes às provas.

- Utilize os três P (prepare, priorize, e persevere) para manter-se focado.

- Familiarize-se com o ensaio mental como uma técnica para ajudá-lo a melhorar a sua preparação antes da prova e o seu desempenho no dia da prova.

- Aprenda sobre zonas de conforto e como você pode expandi-las antes da hora para reduzir qualquer nervosismo ou ansiedade.

Capítulo 14

Ensaiando Sua Relembrança

Neste Capítulo

▶ Entendendo os seus estilos de aprendizagem em relação a como você estuda

▶ Organizando o seu tempo de ensaio conforme as provas se aproximam

*V*ocê já fez uma prova e, quando começou a responder à questão, descobriu que a sua mente deu um branco? Você sabe que revisou o material, mas, por algum motivo, a resposta não chega para você.

Colocar as suas anotações de revisão condensadas (sobre as quais eu falo no Capítulo 10) na sua memória é uma coisa, mas tirar a informação de lá é outra, especialmente se você está se sentindo sob a pressão do período de provas. Isso é um acontecimento comum, mas você pode superá-lo ao praticar a sua relembrança antes da prova.

Quando você ensaia a sua lembrança de informações, você melhora a sua memória. Você cria confiança na sua habilidade de se lembrar de informações das quais precisa durante uma prova. Da mesma forma, ensaiar mentalmente sentir-se relaxado e confiante no dia da prova grava em sua memória a sua situação ideal na prova. Quando chegar a hora de fazer a prova de verdade, você já expandiu a sua zona de conforto antes da hora, e estará mais propenso a responder da forma que imaginou.

Neste capítulo, eu cubro a prática da sua lembrança usando os pontos fortes do seu estilo preferido de aprendizagem. Eu mostro porque desenvolver um calendário de planejamento para os ensaios é importante, e como a perseverança neste estágio do processo de revisão compensará na hora que estiver sentado na sala de prova.

Trabalhando com os Seus Estilos de Aprendizagem

Combinar as suas técnicas de memória e lembrança com os seus estilos dominantes de aprendizagem tornam mais fácil a preparação para a prova.

Quando você sabe como o seu cérebro prefere receber, processar e comunicar informações, você pode aplicar tal compreensão ao usar as técnicas de lembrança que mais se encaixam com você. (Para descobrir os seus estilos de aprendizagem e raciocínio, dê uma olhada no Capítulo 3.)

Quando estiver familiarizado com os seus estilos de aprendizagem, considere usar estas técnicas para praticar a sua lembrança para os quatro estilos considerados mais dominantes:

- **Visual (você aprende melhor vendo):** Revise frequentemente os mapas mentais ordenados por cores, mapas conceituais, mapas de rota discursiva e outras anotações visuais (imagens/padrões). (Eu explico como criar mapas variados no Capítulo 10.)

- **Auditivo (você aprende melhor ouvindo/falando):** Grave suas anotações em um dispositivo de áudio e escute-as com frequência. Recitar anotações em voz alta para outras pessoas também é útil.

- **Cinestésico (você aprende melhor sentindo e se mexendo):** Recite suas anotações de estudo em voz alta, enquanto move o seu corpo como se estivesse os interpretando. Encontrar maneiras físicas de demonstrar as suas anotações (usando as fichas) é essencial.

- **Analítico (você aprende melhor dando sentido à informação):** Pense em suas anotações logicamente e pratique as questões de provas antigas até que consiga entendê-las. Você também pode tentar ensinar o material para outras pessoas.

Se você não tem certeza de quais estilos de aprendizagem funcionam melhor para você, tente fazer o teste rápido de estilo de aprendizagem no Apêndice C. Para mais recursos de estilos de aprendizagem, veja o Capítulo 3.

Alguns cientistas não estão convencidos de que os estilos de aprendizado sejam particularmente úteis no preparo para as provas. No entanto, muitos acreditam que se você encoraja o cérebro a processar informações de muitas maneiras (independente das

Capítulo 14: Ensaiando Sua Relembrança 191

suas preferências de estilo de aprendizado) ao variar os canais de percepções sensoriais pelos quais você recebe informações, você pode expandir as redes neurais do seu cérebro. Fazer isso aumenta a sua retenção e relembrança da memória e, ao final, melhora o seu desempenho na prova! (Veja os cinco princípios da aprendizagem no Capítulo 2.)

O curioso caso de Rudiger Gamm

A neuroplasticidade, ou a habilidade de reprogramar o cérebro (visto no Capítulo 2), é alcançável, e os cientistas descobriram um caso interessante em um jovem alemão chamado Rudiger Gamm.

Rudiger era um aluno mediano de matemática do ensino médio, mas quando começou a trabalhar aos 20 anos foi requisitado que ele fizesse quatro horas de exercícios computacionais por dia. Após seis anos, ele era capaz de calcular a resposta para problemas, como 68 x 76, em menos de cinco segundos. Quando os cientistas fizeram exames de imagem dos processos de raciocínio dele, eles descobriram que ele estava usando mais cinco áreas do cérebro para calcular os números do que as pessoas normais usam.

Este caso ilustra a incrível adaptabilidade do cérebro humano — o seu cérebro é capaz de fazer a mesma coisa!

Estabelecendo as Horas de Relembrança

Nas semanas que antecedem uma prova, você precisa fazer o máximo possível de preparação prática de forma consistente. Isto significa passar muito tempo revisando e reescrevendo as suas novas anotações condensadas de estudo.

Revise cada material de cada assunto e reescreva-o em mapas mentais condensados, mapas conceituais, mapas de rota discursiva, e outros formatos visuais, como descrevo nos Capítulos 10 e 11, pelo menos duas semanas antes das suas provas. Desta forma, você pode usar as duas últimas semanas para focar somente em registrar as suas anotações na sua memória. Isso envolve praticar a sua compreensão do material através do ensaio da lembrança (veja "Trabalhando com os Seus Estilos de Aprendizagem" anteriormente neste capítulo), e o seu cenário ideal de prova através do ensaio de desempenho (coberto no Capítulo 15).

Contando os dias

Para se sair bem, você precisa estabelecer um calendário detalhado para as duas semanas antecedentes à prova, talvez cobrindo duas matérias por dia — uma de manhã; uma à tarde. O seu esforço também deve ser consistente. O ensaio significa repetição. Se você não preparar um bom calendário de revisão e segui-lo, os bons resultados que você está esperando são menos prováveis de aparecerem.

Na Tabela 14-1, eu mostro um calendário de um aluno do ensino médio, designando quais matérias estudar e quando, em relação às datas das provas. Você pode usar esse exemplo para ajudar a preencher o seu próprio calendário, esteja você no ensino médio, na universidade ou se preparando para uma prova profissional. Eu forneço um modelo de calendário em branco, no Apêndice A.

Considere estes pontos quando estiver organizando o seu calendário:

- ✔ Pense nas matérias em que você se sente mais confiante. Geralmente, essas matérias requerem o menor tempo de dedicação na hora da revisão. Separe um tempo para se preparar para elas mais longe do dia da prova, com uma rápida revisão um dia ou dois antes.

- ✔ O quanto de tempo que você passa em cada sessão de estudo pode ser flexível e depende de como você se sente no momento. Geralmente, até 50 minutos em cada hora é possível, mas as últimas pesquisas sugerem que você consegue melhores resultados se misturar um pouquinho. Uma sessão de estudo pode ter 40 minutos, a próxima 20 minutos, a próxima 50 minutos e assim por diante. Mantenha em mente que pequenas explosões são mais úteis do que duas horas sem nenhum descanso.

Acredita-se que a mudança de local e de tópicos de estudo também aumenta a sua retenção. Por exemplo, você pode fazer 30 minutos de uma matéria na biblioteca, e então após um pequeno intervalo, faça 50 minutos de outra matéria em casa.

- ✔ Pense naquelas matérias em que você seja mais fraco ou que tenha mais dificuldade. Obviamente, você precisa alocar tempo de estudo para essas matérias ao longo do seu calendário (isto é, se você quiser aumentar a sua nota).

- ✔ Nas duas últimas semanas antes de cada prova, procure maneiras criativas de revisar quando estiver fazendo algo que não requeira a sua atenção total. Por exemplo, se você gravou as suas anotações em um dispositivo de áudio, escute-os enquanto lava a louça ou passeia com o cachorro.

Capítulo 14: Ensaiando Sua Relembrança 193

Eu costumava plastificar os meus mapas mentais condensados e pendurá-los na parede do chuveiro. Desta forma eu conseguia revisar o material e tomar banho ao mesmo tempo. (Pare de rir!)

Não se esqueça de se cuidar e manter um equilíbrio entre mente e corpo. Faça intervalos regulares, beba bastante água para se manter hidratado e faça lanches saudáveis para manter altos os seus níveis de energia e concentração (veja o Capítulo 2).

Tabela 14-1 Exemplo de um Calendário de Estudos – Últimas Semanas

Semana	Segunda	Terça	Quarta	Quinta	Sexta	Sábado	Domingo
9	7 Escola	8 Escola	9 Francês	10 Estudos Clássicos	11 História da Arte Francês	12 Estudos Clássicos Teatro	13 História da Arte Teatro
10	14 História da Arte PROVA DE TEATRO	15 História da Arte Francês	16 Estudos Clássicos PROVA DE HISTÓRIA DA ARTE	17 Cálculo Estudos Clássicos	18 Estudos Clássicos Francês	19 Cálculo Estudos Clássicos	20 Francês Estudos Clássicos
11	21 Francês PROVA DE ESTUDOS CLÁSSICOS	22 Cálculo Francês	23 PROVA DE CÁLCULO	24 PROVA DE FRANCÊS	25	26 Férias	27 Férias

Aplicando os três Ps

Uma das maiores dificuldades que muitos estudantes enfrentam, especialmente na universidade, é que materiais novos do curso ainda estão sendo apresentados nos dias antecedentes às provas. Isto significa que você precisa aprender novos assuntos (e, às vezes, fazer trabalhos), enquanto revisa simultaneamente os assuntos cobertos nos meses anteriores. Esse processo de equilibrar o novo com o velho pode causar ansiedade e lhe sobrecarregar, nenhuma destas coisas é favorável ao bom aprendizado ou estudo.

Para passar por este passo final do processo de revisão, e se certificar de que você está no equilíbrio correto nos dias finais antes da prova, siga os três P — prepare, priorize e persevere:

- **Prepare:** Você precisa se colocar no estado mental e emocional correto antes de cada sessão de revisão, e evitar se sentir sobrecarregado. Se você está se sentindo sob pressão, dê uma olhada no Capítulo 6 para usar as técnicas de relaxamento para ajudá-lo a voltar ao equilíbrio.

- **Priorize:** A coisa mais importante a ser focada nos dias antecedentes à prova é que o seu desempenho no dia seja um reflexo verdadeiro do trabalho que você realizou ao longo do ano. Para fazer isso corretamente, certifique-se de que o seu estudo tenha prioridade sobre qualquer trabalho de última hora no curso. Às vezes, os trabalhos podem ser entregues após a prova.

- **Persevere:** O sucesso em qualquer área da sua vida geralmente vem da perseverança — continuar seguindo em frente —, especialmente quando as coisas ficam complicadas. Para passar tranquilamente pelas últimas semanas antes das provas, você precisa do estado mental correto. A mentalidade de desempenho em provas (discutida no Capítulo 1) descreve o tipo de pensamento que o ajuda a se manter no caminho certo. Ter a atitude certa e saber o que o motiva e o que o tolhe, garante que você possa se preparar ao máximo com suas habilidades. A perseverança é essencial.

Se você usar os três P como sua filosofia base nos últimos dias de preparo, você será capaz de conseguir manter-se no caminho para que esteja pronto e entusiasmado no dia da prova.

Capítulo 15

Ensaiando o Seu Desempenho

Neste Capítulo

▶ Usando a sua imaginação para criar o seu desempenho ideal na prova

▶ Superando a ansiedade relacionada às provas

O seu cérebro processa e comunica informações de várias formas. Ao ensaiar como se lembrar da informação que tem, você se certifica que está retendo o material que precisa para se sair bem na hora da prova (veja o Capítulo 14). O seu desempenho ideal no dia da prova também pode ser construído com antecedência através do ensaio mental, também conhecido como *visualização*.

Neste capítulo, eu lhe dou dicas de como você pode usar a sua imaginação de forma eficaz para construir as redes neurais necessárias para um desempenho relaxado, confiante e altamente produtivo na hora da prova. Eu falo sobre o que são as zonas de conforto, a partir de uma perspectiva psicológica de desempenho, e como você pode expandir deliberadamente a sua zona de conforto com antecedência, através do ensaio mental, para reduzir a ansiedade e o bloqueio de memória.

Usando a Sua Imaginação

Pense em fazer as provas como se estivesse fazendo uma performance. Atletas, músicos e atores treinam para o desempenho máximo e usam o ensaio mental para melhorar seus desempenhos na hora H. As pesquisas mostram hoje que a prática mental pode ser eficaz também para os estudantes que vão fazer provas.

Parte V: Ensaiando para a Relembrança e o Desempenho

O seu cérebro não sabe a diferença entre o que é real e o que é imaginado (veja o Capítulo 5). As suas células cerebrais se ocupam da mesma maneira, quer você esteja realmente fazendo alguma coisa, ou simplesmente se visualizando fazendo-a. Uma diferença é que a força do processamento neural é menor quando você visualiza, em vez de executando a ação. Além disso, ensaiar alguma coisa na sua mente requer pelo menos dois terços da mesma atividade cerebral requisitada pra fazer fisicamente alguma coisa. A única diferença é que em vez de enviar sinais através da medula espinhal para mover seus músculos, os sinais acabam no seu córtex visual primário — a parte do seu cérebro que permite que você construa imagens visuais.

Você consegue imaginar o potencial de melhoria de habilidade se você pudesse passar o tempo fazendo algo repetidamente na sua mente, em vez de ter apenas uma chance de fazer da forma certa? Esta técnica pode ser aplicada nas provas! Você não tem a oportunidade de fazer várias e várias práticas de prova para condicionar as suas melhores respostas, mas você pode praticá-las na sua mente.

Você pode criar situações problemáticas da vida real na sua mente que poderiam ocorrer somente uma vez a cada 12 provas que você faça. O motivo de fazer isto é condicionar uma reação que supere o problema!

Os pilotos de aeronaves usam simuladores para ensaiar problemas que podem ocorrer durante os voos, mesmo que o evento ocorra apenas uma vez em anos de voos. Mas, caso o problema aconteça na realidade, eles sabem instintivamente como reagir. Tal é o poder do uso do ensaio mental para melhorar o desempenho.

Ensaiando mentalmente para a melhoria do seu desempenho na prova

O *ensaio mental* envolve tirar um tempo para sentar-se em silêncio, livre de distrações, para visualizar vividamente a sua situação absolutamente ideal para a prova. Pratique se ver e se sentir calmo, lúcido e confiante, em controle e seguro do seu sucesso. Mais tarde, quando fizer a prova realmente, você se condicionou para reagir da mesma forma que ensaiou na sua mente.

As pesquisas conduzidas nos Estados Unidos, na Universidade da Califórnia, por Lien Pham, Shelley E. Taylor e outros, demonstram que dois tipos de ensaio mental podem ajudar a melhorar o desempenho de estudantes:

Capítulo 15: Ensaiando o Seu Desempenho   **197**

✔ **Ensaio mental de processo:** Isto envolve se visualizar fazendo todas as tarefas necessárias no processo de se atingir um objetivo de estudo. Você se vê sentado na mesa, revisando seus materiais de estudo, fazendo anotações, se concentrando e se sentindo bem.

✔ **Ensaio mental de resultado:** Isto envolve visualizar o resultado final que você deseja. Você se vê fazendo a prova com confiança e obtendo um ótimo resultado.

A pesquisa de Pham e Taylor mostra uma correlação positiva entre o ensaio mental e a melhoria de desempenho em provas. Curiosamente, entretanto, o ensaio mental de processo sozinho mostrou uma melhora maior do que o ensaio mental de resultado ou uma combinação dos dois. Isto pode ser devido ao fato de os estudantes tomarem passos práticos para melhorar seus hábitos de estudos após passarem um tempo ensaiando mentalmente.

Considere como você quer pensar e se sentir enquanto se prepara para suas provas. Seja claro em relação aos resultados que está buscando e seja positivo. Pegue um pedaço de papel em branco e escreva algumas palavras-chave para resumir seus pensamentos. Estas palavras-chave formam afirmações positivas que você pode usar para condicionar a sua mente subconsciente.

As palavras ajudam a gerar as imagens e sentimentos que você deseja e estas imagens e sentimentos influenciam as suas autoimagens, que são como um piloto automático de um avião. Elas direcionam o seu comportamento de fluxo livre, que é o comportamento que você quer melhorar ao se preparar e ao fazer as provas. (Para saber mais sobre as afirmações e sua autoimagem, veja o Capítulo 4.)

Você tem algumas áreas em que tem dificuldades específicas ao se preparar ou ao fazer as provas? Você pode trabalhar a resposta a estas dificuldades na sua lista de afirmações e se condicionar para um novo comportamento. Por exemplo, se você acha que procrastina quando se prepara para estudar, tente escrever uma afirmação para reduzir esse problema: "Eu quero me sair bem. Eu espero me sair bem. Tudo que eu preciso fazer é começar agora!".

Enquanto você diz as palavras, tente criar um filme mental de si mesmo no seu espaço de estudo, começando a estudar. Tente fazer a imagem ser o mais real possível. À medida que você vê as imagens, as células cerebrais nas áreas de processamento visual do seu cérebro começam a se ativar. Agora, adicione sentimentos positivos — expectativa, determinação, confiança e assim por diante. (Uma enorme química neural é liberada.) Repita isto algumas vezes e você verá que são as imagens e sentimentos que condicionam a sua memória. As palavras são apenas o gatilho para evocar estas imagens e sentimentos na sua mente.

Expandindo a sua zona de conforto

A sua *zona de conforto* é simplesmente uma ideia que você armazenou na sua memória sobre como você é e o que você faz. Quando você tenta, ou lhe pedem que faça algo que não seja compatível com você, você sente muitos sentimentos desconfortáveis.

Imagine que te peçam para ficar de pé agora e cantar o hino nacional para um grupo de pessoas. Quais pensamentos passam pela sua cabeça? A maioria das pessoas sente um desconforto imediato (também chamado de dissonância, que descrevo no Capítulo 4) ao pisarem fora de suas zonas de conforto.

Quando desafiado a fazer algo que não lhe seja familiar, você pode sentir os sintomas físicos da ansiedade — uma frequência cardíaca acelerada, uma respiração mais superficial, e suor nas mãos. Você pode sentir os sintomas mentais da ansiedade, como uma leve agressividade ("Não vou fazer isto de jeito nenhum!"), perda de memória ou confusão. Isso tudo lhe atinge em cheio! Como a maioria das pessoas, você é uma criatura de hábitos e os hábitos são confortáveis, certo?

Ideias sobre si mesmo, ou a sua *autoimagem*, lhe dizem o que você pode ou não fazer. Você formou crenças sobre o que você faz bem ou não, e quando pedem que se comporte de uma maneira que não seja como a sua autoimagem (neste caso, a ideia de cantar na frente de muita gente), você vivencia todos os tipos de feedbacks negativos físicos e mentais/emocionais... A sua memória inconsciente está lhe dizendo através de um *biofeedback* desconfortável para voltar ao que lhe é familiar — voltar a ser você.

Para muitas pessoas, sentar em uma sala de provas não é um território familiar — está fora de suas zonas de conforto. Isso pode acontecer em dobro com estudantes adultos que estão fora do sistema educacional por muito tempo.

Quando você começou a fazer provas, você se sentia nervoso? À medida que todo o ambiente e os procedimentos se tornaram mais familiares, a sua ansiedade diminui? Se sim, o processo de fazer provas melhorou a sua autoimagem de maneira que você se tornasse mais confortável naquele ambiente. Você literalmente expandiu a sua zona de conforto, para que incluísse estar sentado em uma sala e fazer uma prova.

Capítulo 15: Ensaiando o Seu Desempenho

 A boa notícia é que você pode deliberadamente expandir a sua zona de conforto sem ter que fazer uma prova! Ao usar a sua imaginação através do ensaio mental, você pode praticar se sentir relaxado em uma situação que o perturbou no passado. Você pode fazer o ensaio mental nas semanas antecedentes às provas para que quando o dia da prova chegar, você já tenha estado lá tantas vezes na sua mente que a sua resposta neural de se sentir calmo e confiante já está condicionada no lugar.

No Apêndice B, eu forneço um roteiro de ensaio mental para ajudá-lo a ensaiar um bom desempenho nas provas. Se você gravar esse roteiro em um gravador de áudio e ouvi-lo repetidamente, você condicionará a sua memória e reduzirá qualquer dissonância para que se sinta confortável ao se preparar e ao fazer as provas.

Lidando com a Ansiedade em Provas

Se a ansiedade bater, você pode tentar duas abordagens para prevenir que ela perturbe o seu desempenho na prova. Uma é mental, e a outra física, e você pode fazê-las separadamente ou simultaneamente. Eu falo sobre cada uma nas seções seguintes.

Pensando através da abordagem mental

A ansiedade é criada pela maneira com que você interpreta uma situação. Os seus pensamentos criam a ansiedade, e então, dão um significado a ela, em vez de darem significado à situação real.

Se fazer provas lhe causa uma ansiedade excessiva, pergunte-se: "O que eu acredito, que me faz sentir desta forma?". Se você pode tomar consciência de qualquer crença limitadora, você pode então mudar a sua percepção sobre o que as provas significam para você e encontrar uma resposta mais relaxada (veja "Expandindo a sua zona de conforto" mais cedo neste capítulo).

 O maior problema que você pode enfrentar em uma prova é descobrir que está fora da sua zona de conforto. Quando isto ocorre, as substâncias químicas relacionadas ao estresse no seu cérebro (veja o Capítulo 2) podem desligar a sua lembrança e você pode vivenciar um bloqueio de memória. Implementar algumas técnicas de relaxamento é o melhor remédio para esse problema (veja "Desbloqueio mental e físico" mais à frente neste capítulo).

Adotando uma abordagem física

Experimente exercícios diferentes de relaxamento conforme mostrado nos Capítulos 5 e 6. Pratique aqueles que você possa usar em casa durante os dias antecedentes à prova e durante a prova em si.

Uma simples técnica de respiração que você pode usar na prova para diminuir a ansiedade é expirar mais tempo do que inspira, e entre a inspiração e a expiração, prender a respiração por um longo tempo. Use uma proporção 1:4:2. Em outras palavras, inspire contando 4 segundos, segure por 16 (4x4) segundos e então expire por 8 (4x2) segundos. Isto também é bastante energético e leva bastante oxigênio para o seu cérebro. Experimente agora!

Desbloqueando mental e fisicamente

O bloqueio de memória é um efeito colateral da ansiedade. A chave para desbloquear uma memória bloqueada é interromper o padrão de pensamento que está criando o bloqueio, e ajudar fisicamente o seu corpo a relaxar.

Siga estes três passos para eliminar um bloqueio de memória:

1. **Respire profundamente e relaxe o máximo que conseguir.**

    Use a afirmação, "Relaxe…, relaxe…, relaxe."

2. **Diga a si mesmo: "Eu sei esta informação, e ela está voltando para mim agora."**

3. **Em sua mente, afaste a necessidade de obter a informação agora e siga em frente para outra questão.**

    Confie que a informação retornará quando você não estiver tentando lembrar tanto dela.

Se você ainda estiver lutando para se lembrar de informações, faça uma pausa para ir ao banheiro, se for permitido, e lave o seu rosto com água fria. Respire profundamente e use mais afirmações positivas — por exemplo, "Eu estou calmo, lúcido e confiante!" — para ajudar a restaurar uma sensação de calma.

Quando sentir o seu corpo e mente ficando mais calmos, continue sua prova em outra seção e depois volte para aquela questão difícil. Você pode até ter uma lembrança repentina no meio de uma outra questão relacionada. Se isso ocorrer, escreva rapidamente a informação essencial no espaço de planejamento e volte à questão anterior, após terminar a questão atual.

Parte VI

Nesta parte ...

- Explore dez estratégias simples para se preparar no dia anterior à sua prova.
- Veja as dez melhores dicas de coisas a fazer durante a prova.
- Aprenda dez maneiras de manter o ímpeto entre provas.

Capítulo 16

Dez Dicas Para o Dia da Prova: Antes do Evento

Neste Capítulo

▶ Arrumando as suas coisas

▶ Cuidando da sua mente e do seu corpo

▶ Ensaiando o seu desempenho

*I*magine que o seu primeiro dia de prova esteja se aproximando. O que você está dizendo a si mesmo? O que você vê ou sente? Espero que as suas respostas para essas questões sejam positivas e afirmativas. Se você usou este livro, você deve estar se sentindo preparado e pronto para encarar a prova.

Este capítulo fornece algumas sugestões práticas para melhorar o seu estado mental, emocional e físico em geral, enquanto você se prepara para suas provas.

Organize Seus Equipamentos

Pode parecer óbvio, mas você já checou se tem tudo o que precisa para a prova? Você arrumou a sua pasta?

Eu já ouvi muitos estudantes dizerem que quando chegaram na prova descobriram que tinham se esquecido de seus documentos, uma caneta ou lápis extra, ou suas calculadoras. E eu já vi uma sala cheia de gente esperando alguém buscar sua identidade — loucura!

Separe um tempo na noite anterior à prova para organizar tudo o que vai precisar:

- ✔ Sua identidade
- ✔ Canetas (uma extra), lápis (um extra), régua, borracha
- ✔ Calculadora (se necessário)
- ✔ Uma garrafa de água (se permitido)

Saiba o Local e a Hora da Prova

Cheque novamente os horários e locais das provas. Se você estiver estressado, é muito fácil confundir os locais e horários das provas.

Que dia é cada prova? A prova é de manhã ou à tarde? Algumas pessoas aparecem à tarde apenas para descobrir que a prova aconteceu mais cedo no dia! Se você rechecar esta informação, não cometerá o mesmo erro.

Tenha uma Boa Noite de Sono

Dormir bem antes de uma prova importante é essencial. Se você estiver se sentindo pouco preparado, você pode se sentir tentado a ficar acordado até tarde tentando enfiar aquele último pedaço de informação na sua cabeça. O problema nisso é que você não irá se sentir descansado no dia, e pode não ter um desempenho tão bom quanto poderia naquelas coisas que você já sabe bem.

Quando você não tem uma boa noite de sono, o seu sistema nervoso fica sobrecarregado, e a sua mente e corpo não operam com facilidade. O seu cérebro pode liberar qualquer tipo de substância química relacionada ao estresse, que podem acabar com o seu desempenho causando o bloqueio de memória e os congelamentos do cérebro.

Resumo: Se você não revisou tudo o que gostaria até o seu horário normal de dormir na noite anterior à prova, deixe para lá. Você não deve comprometer os seus resultados por causa da falta de sono. É mais importante que você durma!

Coma Alimentos Saudáveis e Energético

Você pulou o café da manhã ou o almoço hoje? Você fez um lanche rápido em uma lanchonete? Você está bebendo as bebidas erradas? Eu conheço muita gente que vive de café ou bebidas energéticas com alto teor de cafeína, apenas para depois sentirem-se como um ioiô, sentindo altas de energia artificialmente induzidas, que eventualmente se tornam em baixas de energia. Isso não é propício à aprendizagem, ao estudo ou à lembrança.

A nutrição tem uma parte fundamental em aumentar a lembrança, pois o que você come e bebe dá a energia que o seu cérebro precisa para manter a clareza mental e o foco. A concentração e a motivação podem ser diminuídas devido à falta de uma boa nutrição.

Coma um bom café da manhã e almoço nos dias das provas. Suplemente o seu consumo de alimentos antes da prova com mais frutas, grãos e castanhas e com bebidas energéticas que sejam saudáveis, como um milkshake de banana com suplementos enriquecidos em vitaminas.

Para saber mais sobre outros suplementos considerados alimentos para o cérebro, dê uma olhada no Capítulo 2.

Use o Diálogo Interno Positivo

O que você diz para si mesmo em relação às provas iminentes terá um efeito profundo no seu desempenho em geral. Como Winston Churchill disse certa vez, "Eu sou um otimista. Não parece ser muito útil ser qualquer outra coisa!"

Para se monitorar e certificar de que você esteja deliberadamente usando o diálogo interno positivo, veja o Capítulo 4. O diálogo interno positivo ajuda a condicioná-lo a se ver em seu estado mental ideal para uma prova, e também ajuda a reduzir qualquer diálogo interno negativo que possa surgir quando você se sente fora da sua zona de conforto.

Pratique seu Ensaio Mental

Aliado ao diálogo interno positivo, veja-se repetidamente em sua mente fazendo o seu melhor desempenho possível. Se veja em pé do lado de fora da sala de prova, sorrindo e parecendo relaxado. Se veja entrando confiantemente na sala, sentando-se e começando a prova. Se veja respondendo às questões de múltipla escolha ou questões curtas com facilidade. Se veja escrevendo com avidez as suas redações — você está sorrindo para si mesmo enquanto a sua mão se move pela página sem muito esforço.

Este tipo de desempenho — mentalmente ensaiado — condiciona a resposta desejada quando você lidar com ela na realidade (veja o Capítulo 15). É como se o seu cérebro, sem saber a diferença entre o que é real ou o que é imaginado, pensasse, "Eu já estive aqui 20, 30, 40 vezes antes com facilidade; isto é exatamente a mesma coisa!"

Pratique Técnicas de Relaxamento

Se você tiver algumas estratégias para lidar com a ansiedade, você pode retomar o seu autocontrole caso as coisas comecem a dar errado. As provas podem ser altamente estressantes e, apesar de que algum estresse possa ser motivador, se você deixar que ele se infiltre demais, pode começar a se sentir ansioso ao ponto de tornar isto prejudicial ao seu desempenho na prova.

Em um ano, um grande amigo meu morreu antes da minha primeira prova. Eu estava muito triste, mas sabia que o show tinha que continuar. Eu engavetei a minha tristeza, relaxei meu corpo e mente, encarei as provas e depois deixei tudo fluir. No fim, eu tirei notas altas naquela primeira prova. Eu acho que meu amigo ficaria orgulhoso de mim.

Transforme o Nervosismo em Entusiasmo

Quando você lida com emoções (energias em movimento), você precisa de maneiras práticas de controlá-las. Alguém uma vez me disse que você pode reduzir o nervosismo ao transformar a emoção em entusiasmo. Quando pensei sobre isso, eu consegui entender como. Ambas as emoções são parecidas. Agora, na minha mente,

Capítulo 16: Dez Dicas Para o Dia da Prova: Antes do Evento 207

sempre que estou em uma situação em que me sinto nervoso, eu o transformo em entusiasmo, o que ajudar a dar uma aliviada no meu nervosismo.

Tente fazer o mesmo se estiver se sentindo nervoso em relação à prova que está se aproximando. Enquanto estiver chegando na sala de prova, se sentindo nervoso, diga a si mesmo que está se sentindo entusiasmado. Tente incitar a sensação de entusiasmo. Você se surpreenderá com o quão fácil o seu nervosismo é substituído por uma sensação de antecipação entusiasmada. É isso aí!

Mantenha-se Reservado

É muito frequente quando estudantes chegam para a prova começarem a debater sobre o que estudaram. Você reconhece esse tipo de conversa:

> "Você revisou XYZ? Eu ouvi dizer que vai ter questões sobre isso."

> "Não! Ninguém me disse que tínhamos que fazer aquilo! Meu Deus, estou realmente encrencado!"

Discutir o seu preparo para os tópicos da prova com seus amigos antes de entrar pode ser um grande atraso, se isto fizer com que você perca a sua confiança no seu preparo. A melhor estratégia é evitar esses tipos de conversa e simplesmente se manter reservado. Mantenha-se indiferente e, se alguém lhe perguntar algo sobre a prova, mude de assunto. Outra maneira é chegar logo antes da hora de entrar, não tendo tempo de falar com ninguém.

Se Jogue!

Nos poucos momentos antes de você entrar para a prova, tente algumas técnicas que podem ajudar a aumentar a sua motivação e concentração:

- **Faça o movimento de olhos da aprendizagem cinestésica.** Mova os seus olhos de um lado para o outro (da esquerda para a direita) durante 60 segundos. Isso ajuda a estimular as vias neurais entre os hemisférios do seu cérebro, preparando o seu cérebro inteiro para a relembrança.

- **Respire para clareza mental.** Faça um exercício de respiração como a técnica do 1:4:2: Inspire por 4 segundos, prenda por 16 segundos e expire por 8 segundos. A respiração relaxa o seu sistema nervoso e aumenta a sua claridade mental. Você também pode fazer uma técnica de respiração para contra-atacar um bloqueio de memória durante a prova. (Veja o Capítulo 15 para algumas rotinas úteis de respiração.)

✔ **Relaxe!** Finalmente, naquele momento em que entra na sala, foque na matéria e relaxe! Um bom preparo é essencial para o sucesso em uma prova; você não tem como se preparar mais, portanto, agora é a hora de colocar todas aquelas horas de preparo para funcionar. Este é o momento para você mostrar todo o seu potencial. Não se segure — se jogue!

Um último ponto, e este é opcional. Alguns pesquisadores sugerem que os estudantes são capazes de um melhor desempenho se consumirem um refrigerante gasoso com cafeína logo antes de uma prova. A cafeína na bebida dá uma carga de energia durante a prova, melhorando a concentração e claridade mental. (Mas saiba que esta carga artificial não dura e vai gradativamente diminuindo, produzindo uma baixa energética mais ou menos três horas depois.)

Capítulo 17

Dez Dicas Para a Prova – Nada de Voltar Atrás Agora!

Neste Capítulo

▶ Lendo as questões da prova adequadamente

▶ Alocando tempo suficiente para cobrir todas as questões

▶ Respondendo às questões de múltipla escolha

▶ Escrevendo redações em questões discursivas

▶ Relaxando sob pressão

*C*hegou a hora da prova! Esta é a sua chance de transmitir toda a informação que revisou. Lembre-se: fazer uma prova é como uma performance esportiva, musical ou teatral. O seu preparo precisa ser demonstrado para que as pessoas possam avaliar o seu aprendizado.

Neste capítulo, eu ofereço dez dicas para ajudá-lo a trabalhar as questões da prova no tempo designado. Revise este capítulo como parte de seu processo de estudo antes da prova, fazendo anotações pessoais nas margens, se desejar.

Relembre Suas Anotações de Estudo Primeiro

Uma boa maneira de começar é gastando os primeiros dez minutos da prova anotando os pontos relevantes no espaço de rascunho disponível, relembrando o máximo possível suas anotações memorizadas de estudo. Isto permite que você libere qualquer ansiedade que tenha em relação à sua habilidade de se lembrar de informações, focando assim inteiramente em responder às questões.

Para uma prova de nível universitário sobre o desenvolvimento humano, eu organizei as palavras-chave da matéria inteira nas colunas e fileiras de uma planilha, que eu reescrevi na prova logo no início. Isto me levou dez minutos. Ao final da prova, eu me certifiquei de que todas as palavras-chave que representavam um conteúdo maior foram usadas em uma questão ou outra. Eu tirei 10.

Durante os meus estudos, eu descobri que uma das minhas preferências de estilo de raciocínio e aprendizado é lógica e sequencial. As palavras-chave em planilhas são mais fáceis de eu lembrar do que tentar me lembrar de um mapa mental.

Se você não sabe as suas preferências de estilo de aprendizado, descubra agora mesmo — veja os Capítulos 3 e 14. Então combine as suas sessões de revisão com a maneira em que o seu cérebro está naturalmente programado para pensar e aprender.

Leia Cuidadosamente as Questões da Prova

Leia cada questão da prova duas vezes para ter certeza de que você não entendeu errado o significado da pergunta.

Os estudantes, muitas vezes, perdem pontos nas provas não pela falta de conhecimento em uma matéria, mas porque leem uma questão de prova rápido demais. Na pressa, eles perdem palavras que mudam o sentido da questão e, assim, suas respostas não se relacionam ao assunto.

Evitar este erro é simples com uma leitura cuidadosa.

Capítulo 17: Dez Dicas Para a Prova — Nada de Voltar Atrás Agora!

Determine Quais Questões Responder

Em muitas provas, são oferecidas questões variadas e você pode escolher entre uma seleção de tópicos disponíveis. Você deve decidir quais questões responder e quais deixar de lado. A chave é combinar o que você preparou com a melhor questão disponível. Às vezes, há uma combinação perfeita e a decisão é fácil. Outras vezes, no entanto, não há uma combinação e você tem que tentar encaixar o que preparou com a melhor opção de questão.

Tire um tempo para pensar com calma nisso. Reduza suas opções até duas. Anote as palavras-chave que preparou e analise as questões individualmente. Quais palavras na questão se igualam melhor ao conteúdo das suas palavras-chave? Com sorte começará a ficar claro para você quais questões responder.

Se ainda assim se sentir preso, busque uma orientação interna para encontrar a melhor questão para responder e então siga em frente para outra seção. Volte a esta seção mais complicada mais tarde quando conseguir algum tipo de comando interno sobre aquele tópico. (Dê uma olhada em "Identifique e Responda às Questões Fáceis Primeiro" mais tarde neste capítulo.)

Mantenha um Ritmo

Um dos problemas mais comuns que os estudantes enfrentam durante uma prova é passar muito tempo em uma questão e ficar sem tempo para responder bem às outras. Isto é especialmente comum nas provas com redação.

Às vezes, a quantidade de tempo que você deve gastar em uma questão está escrito na prova. Às vezes, você tem que avaliar sozinho o tempo, ao estimar o valor de pontos atribuído a cada questão. Escreva (em um lugar visível) o tempo futuro em que você deve encerrar uma questão importante da prova, como uma redação. Então, quando chegar naquele tempo (digamos, em meia hora ou 45 minutos), você pode encerrá-la rapidamente ou deixá-la por enquanto. Você pode deixar quaisquer considerações finais ou resumos conclusivos para mais tarde e, neste meio tempo, seguir em frente para a próxima questão.

Na maioria das provas, você recebe mais pontos por não terminar completamente um maior número de questões do que gastando mais tempo para terminar um menor número de questões.

Se você estiver ficando sem tempo, escreva "Sem Tempo" na margem e escreva alguns itens assinalados com marcadores, sinalizando o que você diria, caso tivesse mais tempo. Isto dá ao examinador a chance de ver que você realmente sabe do assunto, mas que ficou sem tempo. Novamente, isto pode lhe render alguns pontos extras.

Identifique e Responda às Questões Fáceis Primeiro

Quando o tempo é essencial, é útil dar uma olhada na prova duas vezes. Primeiro, passe rapidamente pelas perguntas, respondendo a todas as questões que saiba responder rápida e facilmente. Então, repasse a prova uma segunda vez, respondendo às questões que requeiram mais planejamento.

Um problema potencial que pode surgir usando o método de repassar mais tarde é que você pode de fato esquecer de responder alguma questão. Portanto, certifique-se, antes de terminar, de que respondeu a todas as questões.

Eu já ouvi estudantes dizerem: "Eu não sabia a resposta, então deixei em branco". Se você estiver realmente enrolado e não se preparou para aquela questão, realmente pode não haver nada que você possa fazer. O conhecimento simplesmente não está ali. Entretanto, eu acho que passar a questão para a minha memória e deixá-la por um tempo realmente ajuda. Eu sigo em frente pelas outras questões e então, quando menos espero, uma sugestão sobre como responder àquela questão surge de repente. Eu paro, vou para um espaço de planejamento, e anoto a ideia imediatamente. Não é que a informação não esteja armazenada — é que o processo de relembrança da minha memória não está funcionando naquele momento. Quando eu tiver concluído todas as outras questões da prova, eu volto para aquela questão e a respondo com a minha nova percepção.

_ **Capítulo 17: Dez Dicas Para a Prova — Nada de Voltar Atrás Agora!** **213**

Faça Valer Cada Resposta de Múltipla Escolha

Use estes ótimos métodos para enfrentar as questões de múltipla escolha:

- Leia toda as questões de múltipla escolha três vezes. Sempre responda as mais fáceis primeiro. Então responda as que levam um pouco mais de tempo. Finalmente, faça aquelas que você vai ter que chutar.

- Certifique-se de que entendeu bem a questão e as possíveis respostas. Se não souber, volte a ela mais tarde — não responda apressadamente.

- Elimine as respostas obviamente erradas primeiro. Se mesmo assim ainda estiver incerto, escolha a resposta que seja provavelmente a mais correta.

- Nunca deixe nada em branco. Às vezes, a resposta mais longa é a correta, ou se existem duas respostas opostas, uma delas provavelmente será a correta. Se mesmo assim você não souber, escolha "todas as acima."

- Procure por aspectos diferentes entre a questão e a resposta, como os tempos verbais usados. A resposta que não se iguala pode então ser eliminada.

- Geralmente, a sua primeira escolha é a melhor resposta. Não mude a sua primeira resposta a não ser que esteja realmente convencido de que ela esteja errada após uma análise mais a fundo.

Planeje as Redações Antes de Começar a Escrever

A chave para se escrever uma boa redação para uma prova é planejar o que escreverá com antecedência. Mapeie os seus pontos principais em uma ordem lógica no espaço oferecido para planejamento. (Para informações sobre como escrever os mapas de rota discursiva, veja o Capítulo 10.)

214 Parte VI: A Parte dos Dez

O examinador quer ver que você entendeu a questão, é capaz de organizar seus pensamentos, e apresentá-los de forma clara, concisa e lógica dentro do período de tempo estipulado.

Use estas orientações:

- Use pelo menos dez por cento do seu tempo alocado para o planejamento. Você entendeu completamente a questão? Preste atenção nas palavras-chave como discuta, compare e contraste e avalie criticamente.

- Se você tiver mais de uma redação para escrever, faça o planejamento para cada uma ao mesmo tempo.

- Ao escrever, é importante desenvolver uma estrutura com uma introdução, corpo e conclusão. Se você não tiver mais tempo, reduza a conclusão para algumas frases conclusivas. Certifique-se de que a sua escrita seja legível.

- Faça cada frase contar. Uma nova ideia significa mais pontos para sua nota, portanto, quanto mais ideias novas e relevantes incluir, melhor.

- Responda a todas as questões discursivas. Mesmo que não tenha certeza, tente chutar! Tente escrever algo relevante. A sua resposta pode fazer a diferença entre diferentes níveis de pontuação.

- Se você não tiver tempo, ou apenas alguns minutos restantes, pule a conclusão e releia tudo o que escreveu. Apenas certifique-se de que resumiu todos os pontos essenciais. Até os pontos essenciais escritos somente como itens com marcadores valem a pena ser escritos.

Faça Intervalos Rápidos e Regulares

As horas durante uma prova são de concentração mental intensa. Para manter o seu foco e ritmo, você precisa dar à sua mente e corpo momentos de descanso. A cada 30 minutos ou em breves momentos entre seções, faça uma pausa para descansar o seu corpo. Faça um pequeno exercício de relaxamento — inspire profundamente e então, enquanto expira, diga a si mesmo para relaxar. Você também pode usar a técnica de respiração 1:4:2: inspirar por 4 segundos, prender por 16 segundos e expirar por 8 segundos. (Esta técnica de respiração também pode ajudá-lo se você se deparar com um bloqueio de memória ou começar a se sentir ansioso — veja o Capítulo 15.)

Beba água para se manter hidratado. Lembre-se: o seu sangue leva oxigênio e nutrientes para o seu cérebro. O sangue é composto de 83% de água. A falta de água pode levar à falta de concentração (veja o Capítulo 2).

Após o seu intervalo de descanso, quando estiver preparado para começar novamente, estabeleça a sua intenção para o próximo período de concentração prolongada, clareza e foco. Você consegue!

Peça Ajuda Divina

Seja qual for a sua crença religiosa ou espiritual, as suas próprias forças ocultas podem ajudá-lo em uma prova.

Eu me lembro de entrar em uma prova com uma colega de turma que não havia se preparado. Ela disse: "Deus me ajude!". E, ao que parece, Deus ajudou. Se ela buscou inspiração divina ou não, eu não sei, mas, de alguma forma, ela passou na prova com uma nota acima da média. Eu também já ouvi histórias de estudantes que dizem usar sua imaginação para falar com seus professores em sua mente quando não sabem uma resposta.

De certa forma, imaginar que alguém está com você é como passar o seu problema para que sua memória inconsciente encontre a resposta. Se é verdade que todas as suas experiências são gravadas na sua memória em vários níveis de lembrança, então a resposta poderia estar lá também! Uma técnica do tipo pedir ajuda — de Deus ou de seu professor — poderia ser como sondar a sua memória para que ela entregue a resposta. Eu não tenho certeza, mas se funciona, por que não tentar?

Revise as Suas Respostas — Não Saia Cedo!

Se você acabar uma prova cedo, faça uso do tempo extra para revisar as suas respostas. Conserte qualquer erro gramatical ou escrita confusa. Olhe para as questões que achou mais difíceis. Você pode adicionar alguma coisa às suas respostas?

Tirar alguns momentos para revisar a sua prova pode ajudá-lo a descobrir aquelas questões esquecidas que você planejou voltar mais tarde mas se esqueceu.

Não saia cedo. Não esqueça que a sua prova é uma performance e que você só tem uma chance para realizá-la. É melhor que você use todo o seu tempo sabiamente.

Capítulo 18

Dez Maneiras de Manter o Ímpeto Entre as Provas

Neste Capítulo

▶ Mantendo a sua vida em equilíbrio

▶ Recompensando o seu trabalho duro

▶ Organizando o seu tempo

▶ Celebrando o seu sucesso

Como diz o ditado: "Não acabou, até que esteja acabado!". Você pode adotar este tipo de atitude para se incentivar até que terminem todas as suas provas. Tente permanecer no mesmo ímpeto o máximo que puder — preferencialmente até a hora em que você sair da sala da sua última prova. Só então você poderá realmente esquecer tudo.

Neste capítulo, eu ofereço dez ideias para ajudá-lo a manter o ímpeto e manter a sua vida equilibrada enquanto você completa uma prova após a outra.

Mantendo-se Equilibrado

Se as suas provas se estendem durante várias semanas, tente manter um estilo de vida equilibrado durante todo o processo. Sim, seus exames são importantes para você, mas você precisa manter uma perspectiva maior. Desta maneira, você será capaz de aguentar o período e evitar causar problemas em outras áreas de sua vida.

Eu sempre lembrarei o quanto eu irritei a minha namorada (que mais tarde se tornou minha esposa), quando estava me preparando para minhas provas na universidade. Eu estava tão focado em querer me sair bem que eu frequentemente a negligenciava. Como eu não estava dedicando muito tempo ao nosso relacionamento durante as provas, ela estava pronta para ir embora. Eu percebi que precisava rever as minhas prioridades. Sim, as provas eram importantes, mas os meus relacionamentos e meu trabalho também eram. Eu mudei minha perspectiva para manter o equilíbrio e mantive essa perspectiva até hoje.

Pergunte-se: "Qual é a pior coisa que pode acontecer comigo se tudo der errado? Seria o fim do mundo? Eu terei outra chance?". Se você ampliar a sua perspectiva, as suas prioridades ficarão mais claras e a tarefa à sua frente ficará mais fácil.

Permanecendo Relaxado

Você precisa estar motivado e ativo durante os dias entre as suas provas, mas isto não significa que você não possa descansar. Por favor, descanse quando for necessário, mas o faça com intenção, e não porque você falhou em estabelecer um objetivo.

Para algumas ideias sobre como descansar com intenção e como se manter relaxado para que não fique estressado durante esta época atarefada, veja os Capítulos 5 e 6.

Planejando Recompensas Após Cada Prova

Criar uma recompensa positiva ou se mimar após cada prova pode aumentar a sua motivação. Faça um contrato com si mesmo: "Ok, após eu me livrar desta prova de História, me darei uma folga à noite e vou ver aquele filme com a Jenny".

Firmar um compromisso como esse o mantém motivado durante o processo de provas. Ao se comprometer, você fica menos propenso à procrastinação ou outras estratégias de evasão criativa. Fazer a próxima prova se torna um "eu quero" em vez de um "eu tenho que". (Para mais maneiras de manter a motivação, veja o Capítulo 3.)

Mantendo o Olho nas Próximas Provas

O seu calendário diário e semanal de revisão deve alocar um tempo para você se preparar para todas as matérias de provas. Se algumas matérias exigem mais esforço do que outras, organize mais tempo para elas (veja o Capítulo 14).

Você provavelmente não conseguirá organizar tempo suficiente para preparar novos materiais entre provas, portanto você precisa se concentrar em se preparar para todas a provas antes que a primeira comece. Durante as semanas de provas, as suas sessões de estudos deveriam focar primariamente em praticar a sua compreensão do conteúdo da matéria e em ensaiar a sua relembrança.

Comece a pensar em se preparar para sua segunda prova antes que a primeira se inicie. Isto ajuda a manter a sua mente ativa e trabalhando para você. Assim você mantém a energia, a motivação e a vontade fluindo. Caso contrário, assim que você terminar a sua primeira prova, a sua energia desaparecerá.

Garantindo que Comparações Não Destruam a Sua Confiança

Se seus amigos fizerem perguntas sobre o que você fez na prova, tente evitar responder-lhes diretamente. O motivo é que após você começar a comparar o que fez com outra pessoa, você pode, de repente, se dar conta de onde pode ter errado. Isto pode ser muito prejudicial para a sua autoconfiança, motivação e moral em geral, afetando o seu desempenho nas provas subsequentes.

Esse tipo de cenário pode ser comparado aos atletas olímpicos que erram durante uma performance. Você já viu como eles seguem em frente mesmo assim, porém sua energia cai ligeiramente? Eles sabem que não podem ganhar.

A psicologia do desempenho é um grande jogo mental. Por exemplo, se você estiver discutindo os detalhes de uma prova com um amigo e descobre que cometeu um erro, esse feedback pode realmente o prejudicar nas próximas provas. Sem perceber, a decepção pode causar uma redução na energia e vontade, e tentá-lo com várias estratégias de evasão. É melhor você não falar nada até que se encerre a sua última prova.

Se você de fato discutir e comparar o seu desempenho com outras pessoas entre as provas, você precisará se motivar novamente (através das afirmações, como pode ser visto no Capítulo 4) e voltar para a luta!

Reorganizando Seu Tempo de Preparação

O seu calendário de preparação (veja o Apêndice A) precisa ser flexível conforme você acaba uma prova e segue para outra. Esteja preparado para fazer ajustes. Por exemplo, pode ser que ao terminar uma prova, o tempo que você alocou para se preparar para a próxima seja longo o suficiente para se preparar para uma terceira. No entanto, se a sua quarta prova, da matéria que acha mais difícil, ocorrer no dia seguinte à sua terceira prova, então designe mais tempo de revisão para ela entre a sua segunda e terceira prova.

Tire um tempo para pensar realmente sobre o que você precisa preparar e quando. Conforme completa as suas provas, ajuste o seu calendário para acomodar seus pontos fortes e fracos na matéria. Estes são aspectos que geralmente evoluem conforme você progride com o seu calendário.

Dormindo Cedo

Mesmo que se sinta despreparado entre as provas, é melhor terminar o que puder e ir para cama no seu horário normal.

O seu desempenho no dia da prova ficará prejudicado se você estiver cansado por ter ficado a noite inteira acordado estudando. Vá para a cama cedo!

Mantendo Seu Ensaio Mental

Prepare um roteiro de ensaio mental para ouvir várias vezes, como explico no Capítulo 15. Se você não gravou o seu roteiro ainda, grave-o assim que possível e use-o antes de cada prova. (O Apêndice B possui um exemplo de roteiro.)

Antes de dormir à noite, escute o roteiro. Use frases afirmativas para ajudar a se ver na sua próxima prova. Veja a si mesmo entrando confiante na sala de prova, se sentindo calmo e sabendo que

Capítulo 18: Dez Maneiras de Manter o Ímpeto Entre as Provas 221

você tem tudo o que precisa para se sair bem nesta prova. Diga a si mesmo: "É agora e eu estou pronto!". Se veja escrevendo com empenho, se sentindo animado e respondendo a todas as perguntas com facilidade. Faça este ensaio de desempenho conforme vai adormecendo. Quando acordar de manhã, escute-o novamente.

Conforme você grava algo em sua memória desta maneira, você perceberá a mesma resposta quando entrar naquela sala de prova. Se você ensaiou bem mentalmente, você sentirá o que sentiu durante a sua experiência imaginada da prova. Bom trabalho!

Celebrando o Fim de Sua (s) Prova (s)

Conforme a sua última prova se aproxima, você verá a luz no fim do túnel! Comece a pensar no que você gostaria de fazer para se parabenizar por todo o árduo trabalho que fez. Isto é importante, pois pesquisas mostram que as pessoas geralmente esquecem rapidamente de seus sucessos.

Mesmo antes de obter seus resultados, deleite-se realmente com as sensações positivas que o fazem se sentir bem com si mesmo. Isto ajuda a construir a sua autoimagem, melhorando a sua autoeficácia e autoestima (mais sobre estes tópicos no Capítulo 4).

Celebre todo o seu árduo trabalho, independente do resultado. Se você sabe que deu o seu melhor, então você não pode se exigir mais nada a não ser relaxar e se divertir um pouquinho.

Celebrar todo o seu trabalho após as provas é muito divertido, mas vá com cuidado. Não beba e dirija, ou faça algo estúpido. O custo é alto demais!

Esta não é uma história feliz, mas acredito ser importante relatá-la, pois isto acontece com muita frequência. Quando eu estava no colégio, um grupo dos melhores alunos planejaram uma festa pós–provas. Tragicamente, a celebração perdeu o controle e enquanto dirigiam para casa, o grupo sofreu um acidente de carro. Um dos melhores alunos da escola morreu e os outros ficaram gravemente feridos. O acidente foi um terrível baque para as famílias, amigos e para a escola.

Trazendo Sua Vida de Volta!

Não importa se você está no ensino médio, universidade ou fazendo uma prova profissional: quando as provas acabam, elas acabam! Traga a sua vida de volta à normalidade e aproveite o seu tempo livre. Se atualize sobre todas as coisas não tão importantes que você deixou de lado. Arranje tempo para se encontrar com os amigos, praticar esportes e socializar. Dê um passeio pela natureza — você merece. Bom trabalho!

Parte VII

Nesta parte ...

✔ Programe sua carga de trabalho com um cronograma de planejamento diário e um modelo de cronograma de planejamento semanal.

✔ Descubra roteiros de relaxamento que pode usar para auxiliá-lo a relaxar e se preparar para a as provas.

✔ Use um teste de aprendizagem para descobrir sua maneira natural de aprendizado e as áreas que você poderia melhorar.

Apêndice A

Cronogramas de Planejamento

*U*se os cronogramas de planejamento diário e semanal deste apêndice para organizar sua carga de trabalho.

O seu cronograma de planejamento diário te ajuda a priorizar as coisas importantes que você quer realizar ao longo do dia. Priorizar é essencial no que se trata de transformar a sua lista de "o que fazer" em uma lista de "manter-se no caminho". Todas essas pequenas tarefas que você identifica como sendo importantes de serem feitas a cada dia, com o tempo, o ajudam a perceber seus objetivos maiores.

O seu cronograma de planejamento diário pode conter uma variedade de objetivos — ir até a casa de um amigo para jantar, fazer compras, botar o lixo para fora, terminar seu trabalho e assim por diante. Apesar de cada objetivo ser importante, colocar um A, B ou C na coluna P (Prioridade) ao lado de cada um ajuda a ver as suas tarefas mais importantes mais facilmente e também a organizar o tempo que você tem disponível. Após você organizar as suas tarefas A, vá para as tarefas B e C. Use a coluna C (Completada) para marcar suas realizações.

Use o cronograma de planejamento semanal para dividir cada dia em objetivos que você queira realizar a cada manhã, tarde e noite. O formato aberto dá a impressão de ter mais tempo e o ajuda a decidir quanto tempo alocar para cada tarefa e onde ela se encaixa melhor na semana.

Nota: Um cronograma de planejamento semanal é particularmente útil nas últimas semanas antes das provas. Ao anotar o tempo alocado para revisar cada matéria, você pode ver precisamente o que revisar, e quando. Certifique-se de alocar mais tempo para aquelas matérias nas quais você se sente menos confiante.

O seu smartphone provavelmente possui uma função de calendário/planejamento de eventos. Você também pode encontrar uma série de planejadores de tempo online. Dê uma olhada no Day Viewer em www.dayviewer.com, ou se quiser pagar, você pode usar a Smart Sheet em www.smartsheet.com.

Parte VII: Apêndices

CALENDÁRIO DE PLANEJAMENTO DIÁRIO

HORÁRIO	P	ATIVIDADE	C
7 h			
8 h			
9 h			
10 h			
11 h			
12 h			
13 h			
14 h			
15 h			
16 h			
17 h			
18 h			
19 h			
20 h			
21 h			
22 h			

P = Prioridade (designe uma letra em ordem de importância)
C = Completada

CRONOGRAMA DE PLANEJAMENTO SEMANAL

	SEGUNDA	TERÇA	QUARTA	QUINTA	SEXTA	SÁBADO	DOMINGO
Manhã							
Tarde							

228 Parte VII: Apêndices

Apêndice B

Roteiros de Relaxamento e Visualização

*E*ste apêndice fornece roteiros que você pode usar para ajudá-lo a relaxar e a se preparar para as provas. Grave-os em um gravador de áudio para que possa ouvi-los com frequência. Ao gravar, use uma voz lenta e firme e, se possível, coloque música clássica no fundo. Ouça os roteiros antes de dormir à noite, quando estiver em um carro — mas não quando estiver dirigindo! — ou em qualquer outro momento que seja conveniente.

Para mais informações sobre como aplicar estes roteiros, veja o Capítulo 5.

Roteiro de Relaxamento

Tempo: 3 minutos

Feche os olhos e comece a respirar profundamente... Inspire pelo nariz e expire pela boca. A cada expiração, imagine que qualquer tensão no seu corpo está sendo eliminada junto com ela. Eu vou contar de cinco até um, e enquanto fizer isso, você se sentirá relaxando a cada número decrescente. Ao chegar no número um, você estará relaxado, porém alerta ao que eu estou dizendo.

Eu estou contando agora. Cinco, você está começando a relaxar... Quatro, respire profundamente e solte. Três, comece a ter uma noção do seu corpo, da posição dos seus braços e mãos, da posição das suas pernas e pés — sinta o seu peso na cadeira. Dois, continue descendo... Um, você está relaxado, e repete

230 Parte VII: Apêndices

silenciosamente para si, "Relaxe... Relaxe... Relaxe...". Sinta-se se livrando de qualquer tensão no seu corpo. Você agora está relaxado, porém totalmente alerta.

Descanse neste estado por um momento, respirando profundamente e afirmando as palavras: "Relaxe... Relaxe... Relaxe.". Este é o estado alfa.

Agora, eu vou pedir que você fixe esta sensação em seu corpo ao tocar o dedão com o indicador da sua mão direita. Faça isto agora. Enquanto sente este estado de relaxamento, una o seu dedão e o indicador. Repita esta sequência várias vezes, sentindo-se relaxado e unindo os dedos. A partir de agora, sempre que você quiser ir para esse estado de relaxamento rapidamente, assim que unir seus dedos, essa sensação começará a vir até você. Esse gesto é o seu gatilho para ajudar esse estado de relaxamento a chegar até você. Saiba que, assim que você unir seu dedão e indicador, você começará a se sentir relaxado.

Daqui a um instante, eu começarei a contar de um a cinco. Quando chegar no cinco, você abrirá os seus olhos e voltará para a sala, se sentindo completamente em paz. Um, você se sente acordando. Dois, acordando...Três, acordando... Quatro, comece a abrir seus olhos... Cinco, você está completamente desperto agora, alerta e em paz. Sorria.

Roteiro de Ensaio Mental

Tempo: 10 minutos

Este roteiro faz uso de pesquisas relacionadas a como a sua mente funciona e ao ensaio mental. Peça que alguém leia isto para você, ou leia você mesmo enquanto grava para uso futuro. Leia o roteiro inteiro bem devagar e com uma voz baixa e firme.

O roteiro tem três partes. Primeiro, você vai relaxar por três minutos, usando parte do roteiro de relaxamento acima. Em seguida, você vai criar o seu roteiro de ensaio de processo ideal. Isto também leva em torno de três minutos. O estágio final neste roteiro é criar o seu roteiro de ensaio de resultado ideal. Isto leva em torno de quatro minutos.

_____ **Apêndice B: Roteiros de Relaxamento e Visualização** **231**

Relaxe primeiro

Feche os olhos e comece a respirar profundamente, inspirando pelo nariz e expirando pela boca. Em cada expiração, imagine qualquer tensão no seu corpo saindo junto com o ar. Eu vou contar de cinco até um e, enquanto faço isso, você irá se sentir relaxando a cada número decrescente. Quando chegar ao número um, você estará relaxado, porém alerta ao que estou falando.

Eu estou contando agora. Cinco, você está começando a relaxar... Quatro, respire profundamente e solte. Três, comece a sentir o seu corpo, a posição dos seus braços e mãos, a posição das suas pernas e pés — sinta o seu peso na cadeira. Dois, continuando a descer... Um, você está relaxado e repete para si mesmo em silêncio: "Relaxe...Relaxe... Relaxe...". Sinta-se soltando qualquer tensão no seu corpo. Você está agora relaxado, porém totalmente alerta.

Fique neste estado por um instante — este é o estado alfa.

Roteiro de processo ideal

Primeiro, eu quero que você se imagine na sua mesa de estudos ou no lugar que você tende a estudar e revisar. Se veja sentado ali com tudo o que precisa à sua volta — anotações das aulas, canetas, folhas em branco, uma garrafa ou copo d'água. Se veja com seus olhos fechados e sinta-se relaxando enquanto entra no estado alfa. Você consegue ouvir uma música suave ao fundo. Sinta o estado alfa agora.

Em seu olho mental, se veja abrindo seus olhos e sentando-se ereto. Diga a si mesmo: "Eu estou pronto para revisar. Eu manterei a minha total atenção nesta tarefa pelos próximos 50 minutos."

Agora se veja começando a olhar suas anotações, revisando o seu material e reescrevendo-os em formatos condensados. Se veja absorvido enquanto trabalha sem muito esforço nesta seção de revisão. Sinta-se focado, energético, determinado. Diga a si mesmo: "Eu estou rendendo. Isto é fácil...". Sorria.

Roteiro de resultado ideal

Se imagine viajando pelo tempo até o dia da sua primeira prova. Se veja com um semblante calmo e confiante. Você está entrando na sala de provas e você se sente relaxado, pois sabe que fez o seu melhor para se preparar.

232 Parte VII: Apêndices

Escolha um assento na sala. Você está na frente, no meio ou no fundo da sala? Você está na esquerda ou direita? Sente-se e sorria para seus amigos à sua volta.

Respire fundo. Relaxe e diga para si: "É agora! Tudo o que preciso eu tenho comigo agora." Sorria.

Veja o examinador dando instruções ao grupo. Agora se veja começando a prova e olhando-a por completo.

Se veja sorrindo pois você se preparou exatamente para estas questões. Você abaixa a cabeça e começa a escrever. Diga a si mesmo: "Eu estou lúcido, calmo e confiante. Tudo que eu preciso escrever está vindo para mim agora". Sinta uma sensação de uma certeza tranquila de que está fazendo o seu melhor possível. Todo o seu preparo está sendo usado neste momento.

Agora avance mais no tempo até o fim da prova. Você terminou de escrever com tempo de sobra e está olhando as suas respostas para ver se há algo que possa melhorar. Sinta-se relaxando, conforme a prova vai terminando. Sinta-se satisfeito com o que fez. Sorria e diga: "Ok, que venha a próxima prova."

Agora avance mais no tempo para a hora em que recebe as suas notas. Você está ali de pé segurando o envelope (ou sentado olhando o computador). Você abre o envelope (ou olha no site) e descobre que alcançou seus objetivos e, em algumas matérias, até se saiu melhor do que esperava. Sorria e diga: "É isso aí!".

Daqui a um instante, eu contarei de um a cinco. Quando chegar no cinco, você abrirá seus olhos e voltará para a sala, se sentindo completamente em paz. Um, você se sente acordando. Dois, acordando... Três, subindo... Quatro, começando a abrir seus olhos...Cinco, você está completamente desperto agora, alerta e em paz. Sorria.

Apêndice C

Teste de Estilo de Aprendizagem e Lembrete Motivacional

*U*se o Teste de Estilo de Aprendizagem neste apêndice para descobrir a sua maneira natural de aprendizado e as áreas onde você não é tão bom. Você pode então trabalhar nas suas áreas mais fracas de aprendizado para que nunca esteja em desvantagem.

Para mais informações sobre os estilos de aprendizagem, veja os Capítulos 3 e 14. Eu também ofereço recursos adicionais no meu site, www.passingexams.co.nz.

Este apêndice também inclui um pequeno pôster que você pode xerocar para ajudá-lo a se manter motivado.

Teste de Estilo de Aprendizado

Faça este teste rápido circulando a(s) letras(s) ao lado da resposta que mais se aplica a você. No fim, some os seus pontos para ter uma ideia básica do seu estilo dominante de aprendizado.

Se uma amiga lhe pergunta como encontrar um lugar específico, como você indicaria as direções para chegar lá?

V: Desenharia rapidamente um mapa para ela.

A: Explicaria a ela, despreocupadamente, como chegar lá

C: A pegaria pela mão e a guiaria.

An: Explicaria logicamente para ela o melhor caminho, passo a passo.

Se você fosse comprar um carro novo, o que influenciaria mais a sua decisão?

V: Ele é muito bonito.

A: Ele tem um ótimo sistema de som.

C: Ele tem assentos muito confortáveis.

An: Você descobriu que é um bom negócio e que lhe poupará dinheiro a longo prazo.

Geralmente, como você aprende a usar uma nova tecnologia?

V: Vendo alguém usar primeiro.

A: Pede para alguém lhe explicar.

C: Parte para ela e começa a usar.

An: Lê as instruções e cuidadosamente descobre como usar.

Quando você vai ver um filme, o que mais o impressiona?

V: Os ótimos efeitos visuais e a cinematografia.

A: A trilha sonora incrível.

C: O conforto dos assentos.

An: A maestria técnica por trás das cenas.

Como você prefere que um professor passe informações?

V: Usando projetores, apostilas, anotações.

A: Discutindo o tópico na sala de aula.

C: Saindo em excursões que oferecem experiências práticas.

An: Analisando e solucionando tópicos da matéria.

Quando você se esquece como se escreve uma palavra, o que você costuma fazer?

V: Tenta visualizá-la no seu olho mental.

A: Tenta descobrir através do seu som.

C: Escreve as duas versões que vêm à mente e então descobre.

An: Pega um dicionário.

Apêndice C: Teste de Estilo de Aprendizagem **235**

Em seu tempo livre, o que é mais provável que você faça?

V: Fazer arte, pintura, fotografia.

A: Ouvir música; tocar um instrumento.

C: Praticar algum esporte, correr, nadar.

An: Ler, escrever, fazer palavras-cruzadas ou Sudoku.

Qual é o seu método preferido de lembrança?

V: Fazendo desenhos ou diagramas.

A: Gravando informações e escutando-a.

C: Interpretando ou ensaiando a informação.

An: Analisando a informação, conceituando-a e solucionando problemas.

Como você sabe se alguém realmente gosta de você?

V: Quando demonstram, através de presentes.

A: Quando reconhecem como você é.

C: Quando são fisicamente afetivas e lhe dão beijos e abraços.

An: Quando você sabe que as pessoas o entendem.

Como você demonstra que gosta de alguém normalmente?

V: Demonstrando através de presentes e fazendo coisas para elas.

A: Dizendo a elas quando surge a oportunidade.

C: Demonstrando afeto fisicamente — beijos e abraços.

An: Fazendo com que saibam que você as entende.

A letra que você mais circulou indica o seu estilo preferido de aprendizado: V = Visual, A = Auditivo, C = Cinestésico (movimento/sensações), An = Analítico.

Mantenha a Motivação!

Use este desenho para se inspirar e se manter no caminho certo ao estudar. Faça uma cópia e cole na sua área de estudos ou em outros lugares da sua casa.

Índice

• A •

abordagem física para a ansiedade nas provas, 200
abordagem mental para a ansiedade das provas, 199,
Abraham-Hicks Publications, 117
ação, tomando, 85
acetilcolina, 159
acrônimo ASSETS, 27-33
acrônimos na memorização, 166-167
acrósticos na memorização, 172-173
afirmações, 81-83
agindo, 85
ajuda divina, pedindo, 215
alongamento matinal de cinco minutos, 98-100
alongamento matinal, 100-101
ambiente de estudo, organizando o, 46-50
analogia da cebola, Shrek, 12
analogia do iceberg, mental, 67-68
anotações de aulas, revisando, 133
anotações de estudo. Veja anotações
anotações
  condensando, 138
  relembrando na prova, 210
ansiedade, mental e física, 72
aprendizado automático
  efeito do, 26
  processo de, 166
aprendizado implícito, 67
aprendizado multimodal, 32
aprendizado psicológico
  implicações das conexões sinápticas, 25-27
aprendizagem acelerada, web site, 90
aprendizagem
  atitudes em relação à, 30-31
  melhores horas para a, 49-50

maneiras ideais de, 14
níveis de, 42
princípios do, 27-33
aprendizes analíticos (lógicos), 54, 190
aprendizes auditivos, 53, 190
aprendizes cinestésicos (físico), 51, 190
aprendizes visuais, 53, 180
Arrowsmith-Young, Barbara, 37
astrócitos
  comunicação com neurônios, 25
  função, 22-25
atenção exclusiva para memorização, 156-158
atenção no aprendizado, 27, 109
atitude, cultivando, 11
aulas de revisão, prestando atenção nas, 122-123
autoestima, aumentando, 75-76
auto-hipnose (autossugestão), 91
autoimagem
  influência do diálogo interno na, 15-16
  manutenção da, 73
autorregulação nas provas, 214
autossabotagem, lidando com a, 11-12
autoconfiança
  efeito na percepção e na experiência, 70
  e o sucesso, 56
autoimagem acadêmica, construindo, 76
axônios, 24

• B •

Bandler, Richard, 91
Birmingham Grid For Learning, web
site, 57
bloqueios de memória, 200
branco em fundo preto, leitura do, 128
Buzan World web site, 140
Buzan, Tony, 140

• C •

calendário de estudo, pré-provas, 226
calendário diário, 226
calendário semanal, 226
calendário, preparando, 114
calendários, pré-prova, 192-193
CDs de áudio paraliminal, 94
celebração de fim das provas, 221
Centerpointe Research Institute, web
site, 36
cérebro trino, 22-24
cérebro
    compreendendo as apacidades
        do, 13-14
    dizendo qual informação deve
        entrar, 116-117
    driblando o aprendizado, 99
    entretenimento do, 34
    manutenção do, 38-42
    modelo tríplice, 25-27
    processo de seleção de
        informação no, 29-30
    trino, 23-24
Cinestesia Educacional, 40
códigos, para interromper padrões
    limitantes de pensamento, 72
comer antes da prova, 205
comparações e a queda da
    autoconfiança, 219-220
competência consciente, 42
competência inconsciente, 42
compreensão, testando a, 133-134
conceito de multi-inteligências, 57
concentração
    arruinando, 72

atalho para a, 101
mantendo, 59-67, 122
concertos ativos, 99
concertos passivos, 99
concertos, ativo e passivo, 99
conhecimento prévio, questionando
    o, 123
consciência
    estímulo através dos objetivos,
        78
    web site de exercícios, 30
contato visual nas aulas de revisão,
    123
conteúdo de redação para provas,
    lembrando, 183-184
conteúdo de redação para provas,
    relembrança fácil, 183-184
corpus callosum, fortalecendo através
    do malabarismo, 41
córtex cerebral, 23
córtex, 23
criação de rima para memorização,
    168
curva de Ebbinghaus, 163

• D •

Day Viewer, web site, 225
dendritos, 24, 25
Dennison, Paul e Gail, 40
desbloqueando a memória, 200
desejos, foco nos, 117
determinação de tarefas para
    construção da autoconfiança, 58
diálogo interno negativo, efeito das
    afirmações no, 81
diálogo interno positivo antes das
    provas, 205
diálogo interno
    efeito do, 66
    escutando o, 16
    melhorando, 73
diencéfalo, 24
dissonância cognitiva e mudança, 71
distrações externas, reduzindo as, 48
distrações internas, reduzindo, 49
distrações

Índice 239

administrando, 62
efeito na concentração, 62
eliminando as, 48
distraído, efeito de estar, 72
Doidge, Norman, 37
dopamina, 159

• E •

Ebbinghaus, Hermann, 163
efeito de primazia na memória,
163-164
efeito de recência na memória,
163-164
efeito do ambiente na concentração,
61
emoção, na memorização, 159
emoções indesejadas, liberando as,
105-106
emoções
ativando, 32-33
na aprendizagem, 28
liberando as indesejadas,
105-106
enriquecimento da vida, 109
ensaio mental de processo, 197
ensaio mental de resultado, 197
ensaio mental
antes das provas, 195-196
mantendo entre provas, 220-221
para melhorar o desempenho
nas provas, 196-198
técnica, 91
valor do, 92
enxergar, efeitos do condicionamento
em, 84
equilíbrio corporal, 103
escala de distração, uso da, 50
esforço no aprendizado, 28, 32
esforço sólido na aprendizagem, 32
espaço de estudo, organizando, 45-46
estabelecendo objetivos
e criação de valor, 31
e motivação, 79
estado alfa, acessando, 90-91
estilos de aprendizagem

combinando a memória e a
relembrança com os, 189
descobrindo os, 52
desenvolvendo os, 54
teste online, 55
estratégias de evasão, 72
estudando com um propósito, 17
estudantes de alta performance,
modelando, 75-76
exercício de movimentação dos
olhos, 40
exercício
na função cerebral, 38
para relaxamento, 94
exercício para o cérebro, 40
expressões faciais nas aulas de
revisão, 116-117
Extraordinário Poder da Intenção, O,
Esther e Jerry Hicks, 117

• F •

fatos, absorvendo os, 130
fichas para memorização, 170-171
focando na memorização, 157-158
foco, mantendo o, 47
formatos visuais
aplicando os, 152
na organização de anotações,
17
fórmulas científicas, memorizando,
182
foto leitura, 128

• G •

Galeria de Diagramas (Microsoft
Word), 141
Gamm, Rudiger, 191
Gardner, Howard, 55
gesticulação nas aulas de revisão,
121-122
Get the Edge, programa de
desenvolvimento pessoal, 94
gravações de voz para memorização, 166
Grinder, John, 91

240 Passando em Provas Para Leigos

• H •

Hicks, Jerry e Esther, 117
hidratação, efeito na função cerebral, 40
hipnoterapia, 31
hipocampo, 28, 69
Honey, Peter, 57

• I •

ideias condicionadas, 70
ideias limitadoras, mudando as, 69
Illumine Training, web site, 140
imagens pino, 166-167
imagens simbólicas, criando, 170-172
imagens
    armazenando por localização, 176-177
    ligando na mente, 177-178
    na memorização, 156, 158
imaginação no ensaio da prova, 195-199
implicações fisiológicas das conexões sinápticas no aprendizado, 26
incompetência consciente, 41
incompetência inconsciente, 41
inconsciente. Veja mente inconsciente
informação
    avaliando, 33
    encontrado, 115-118
informações adicionais, encontrando, 117-118
intenção
    estabelecendo a intenção para as sessões de estudo, 109-111
    na memorização, 156
    o poder da, 108
intenções mensais, estabelecendo, 118
intenções semanais, estabelecendo, 118
interpretando para memorização, 181-182

• K •

Kolb, David, 57

• L •

"Liderando de Dentro para Fora", Ian Richards, 130-131
Learning Strategies Corporation, web site, 94, 136
leitura de estudo
    na organização de anotações, 17
    propósito da, 121-126
leitura por alto
    método, 121
    na organização das anotações, 17
leitura rápida, 126-127
lendo o branco no fundo preto, 120
listas de pinos de memória, 178-179
localização
    armazenando imagens através da, 176-177
    na memorização, 157

• M •

"Mantenha o Propósito" desenho, 157
malabarismo
    benefícios do, 40-42
    para liberar emoções indesejadas, 108
    se ensinando o, 42
maneiras ideais de aprendizagem, 14
mantendo o foco, 47
mantendo o ritmo nas provas, 201
mantendo-se reservado antes das provas, 197
manutenção do equilíbrio entre provas, 207-208
mapas aranha, 142-143
mapas conceituais, 151-152
mapas de fluxograma, 141
mapas de rota discursiva, 144
mapas de sistemas, 146
mapas hierárquicos, 143
mapas mentais, criando, 142
mapas
    conceito, 143-148

Índice 241

rota discursiva, 148-152
para a memorização, 169
meditação para relaxamento, 110
memória de curto prazo, 161
memória de longo prazo, 161
memória de si, 67-71
memória declarativa, 69
memória episódica, 69
memória explícita, 69
memória processual, 69
memória semântica, 69
memória
aumentando com imagens e padrões, 18
efeito das afirmações na, 81-83
praticando para fortalecer a, 161-163
três funções da, 68-69
use ou esqueça, 156
memorização
chaves para a, 156-163
usando a mnemônica, 165-173
mentalidade de desempenho em provas, desenvolvendo, 10-12
mente consciente, reparando com a, 65
mente inconsciente, explorando a, 65-66
mente
ligando imagens na, 177-178
funcionamentos da, 64-66
método de visualização de história, 177-178
Método Sedona de liberação emocional, 101
Mind Manager, 132
MindJet, web site, 132
mnemônica
escolhendo de acordo com estilo primário de aprendizado, 185,
memorizando usando a, 166-173
modelando-se nos estudantes de alta performance, 75-76
modelo tríplice do cérebro, 24-27
motivação
ao estabelecer objetivos, 80

mensurando níveis de, 59
teorias da, 58-62
movimento na memorização, 157, 160
mudança, resistência a, 69-71
Mumford, Alan, 57
música
na memorização, 169-170
para relaxamento, 94-96

na zona, entrando, 65
natureza teleológica e estabelecimento de objetivos, 79
neocórtex, 22
nervosismo pré-prova, 196
neurônios
comunicações com astrócitos, 26
funções dos, 23, 25
neuroplasticidade
caso de Rudiger Gamm, 191
explorando a, 35-37
introdução à, 13
níveis de aprendizagem, 41
noções de autoeficácia, 75
nucleus basalis, 159
números, memorizando usando a associação visual, 181
nutrição, efeito na função cerebral, 39

• O •

o momento na aprendizagem, 33
objetivo, mantendo o, 111
objetivos acadêmicos
desenvolvendo, 78-80
estabelecendo, 16
objetivos de longo prazo,
estabelecendo a intenção para os, 122-124
objetivos
clareza dos, 58
desenvolvendo objetivos acadêmicos, 78-80

242 Passando em Provas Para Leigos

estabelecendo a intenção a longo prazo, 112-114
obstáculos, removendo os, 11-12
ondas alfa, 34
ondas beta, 34
ondas cerebrais, frequências, 34-35
ondas delta, 34
ondas gama, 35
ondas teta, 34
organização pré-prova, 203-204
organização pré-prova, 203-205
oxigênio, efeito na função cerebral, 38-39

• P •

padrões na memorização, 158
palavras estrangeiras, lembrando de, 180
palavras grandes, lembrando de, 180
palavras incomuns, lembrando de, 180
palavras-chave, lembrando de, 159
paralinguagem nas aulas de revisão, 116
pensadores circulares, 56
pensadores lineares, 56
pensamento, efeito do, 66
perseverança, 194
personalidades ativistas, 57
personalidades pensadoras, 57
personalidades pragmáticas, 57
personalidades teóricas, 57
Pham, Lien, 196
pinos de memória, 160-161
planilhas para memorização, 172-173
poder da intenção, 115
preparo antes das provas, 194
prestando atenção no aprendizado, 28-31, 109
princípio da atenção, 28-31
priorizando
    antes das provas, 194
    tarefas, 103
problemas de autoderrota, identificando os, 58
processo de incubação (desenvolvimento mental), 130

processos de raciocínio aumentando, 15-16
linear e circular, 54
procrastinação
    efeito da, 72
    estratégia de redução de três passos, 60
    superando a, 59-61
programa de autodesenvolvimento Personal Power, 93
programação neurolinguística (PNL), 91
programas de desenvolvimento pessoal, 94-96
propósito, estabelecendo, 11
prosencéfalo, 22, 24
provas dos anos anteriores, obtendo cópias das, 125-126
provas
    fazendo intervalos nas, 214
    leitura cuidadosa das questões, 210
    lidando com a ansiedade, 199-200
    obtendo a cópia dos anos anteriores, 125-126
    respondendo as questões fáceis, 212
    revisando as respostas nas, 215
    sabendo o local e a hora, 204
próximas provas, de olho nas, 219

• Q •

questões de múltipla escolha nas provas, 212-213
questões na prova
    lendo com cuidado as, 210
    quais responder, 210-211

• R •

recompensas
    após cada prova, 218
    com propósitos motivacionais, 48

Índice 243

redações, planejando antes de escrever, 213-214
registrando os horários, 103
relaxamento
    antes das provas, 206
    atalho para o, 98
    em prestar a atenção, 29
    entre as provas, 218
    exercitando-se para o, 96
    no preparo para as provas, 16
relembrança, ensaiando a, 18-19
repetição na memorização, 157
respiração consciente, 100
respiração, consciente, 100
retenção, melhorando ao revisar informações, 33
revisando as respostas nas provas, 215
Richards, Ian, "Liderando de Dentro para Fora", 130-132
ritmos circadianos, efeitos na aprendizagem, 51-52
ritmos corporais diários, 49-50
Robbins, Anthony, 94
Rose, Colin, 90
roteiro de ensaio mental, 230-232
roteiro de relaxamento, 229-230

• S •

saúde, mantendo a saúde ideal, 37-39
Scheele, Paul, 138
sentidos
    envolvimento dos, 31-32
    na aprendizagem, 28
sequência de tempo na aprendizagem, 28
Shrek, analogia da cebola, 12
si, memória de, 69-73
sistema límbico, 22, 33
sistema nervoso parassimpático, papel do, 96
sistema nervoso simpático, papel do, 23
sistema nervoso, partes do, 96
site de música relaxante induzidora de alfa, 35

Smart Draw, web site, 141
Smart Sheet, web site, 225
som para relaxamento, 96-98
sono
    antes das provas, 204
    entre as provas, 220
sucesso, visualizando o, 83-84
suplementos de alimentos para o cérebro, 38

• T •

Taylor, Shelley E., 197
técnica da palavra substituta para palavras estrangeiras, 180
técnica de visualização mental para administração de tempo, 63
técnica de visualização para administração do tempo, 63
técnica do elástico, 74
técnica rápida de relaxamento, 99
técnicas de associação visual, 176-179
técnicas de aumento da memória, aplicando as, 184-185
técnicas de leitura, 131-138
técnicas de motivação e concentração pré-prova, 207-208
telencéfalo, 24
tempo de preparo, reorganizando, 210
tempo
    administrando, 62-63, 104-106
    organizando, 61
    impondo limites, 115
tempos de relembrança, estabelecendo, 183-186
tensão, evitando, 111-112
teste de estilo de aprendizado, 233-235
teste de estilos de aprendizagem online, 55-56
tipos de personalidade, 57
trabalho de mudança de paradigma de Mark Treadwell, 33
Treadwell, Mark, 33
três P, aplicando, 194
TurboRead Speed Reading, web site, 135

• U •

uma coisa de cada vez na
memorização, 157-168

• V •

valor explícito, 58
valor implícito, 58
valor pessoal depositado no tópico,
efeitos na concentração, 62
valor, encontrando o, 29, 30, 58-59
velocidade de leitura, teste, 130
verdade pessoal, a memória contém
a sua, 15
vídeo de mapeamento mental, 134
visualização de processo, 84
visualização de resultado, 84
visualizando o sucesso, 83-84

• W •

web site de condicionamento neuro-
associativo, 91
web site de intenção segmentada, 112
web site de técnicas de memória, 153
web site sobre nervosismo pré-provas,
187

web sites
aprendendo a relaxar, 87
aprendizado acelerado, 90
condicionamento neuro-
associativo, 93
estilos de aprendizado, 57
exercícios de conscientização,
20
fichas, 171
intenção segmentada, 117
Método Sedona, 105
música de relaxamento
induzidora de alfa, 35
nervosismo nas provas, 187
neuroplasticidade, 36
teste de estilos de aprendizado,
53-54

• Z •

zona de conforto, expandindo a,
198-199